KB266346

하루 10분
리추얼의 기적

평범한 하루를 특별하게 만드는 40일의 변화

하루 10분 리추얼의 기적

박지현 지음

프롬북스
frombooks

. . . .

행복과 건강을 위한
인생 아이템

우리는 충분히 열심히 살아왔습니다. 계획과 목표를 세우고, 루틴을 만들었습니다. 그런데도 마음은 자주 흔들리고, 하루는 산만하게 흘러갑니다. 이유 없이 지치고 고독해지는 순간이 옵니다. 잘 살고 싶지만 잘 버티는 법만 배운 것 같아 씁쓸해집니다. 그렇게 불안과 무기력, 번아웃의 한가운데에서 저는 깨달았습니다. 중요한 건 의지나 노력이 아니라 삶을 지탱해줄 구조라는 사실을요. 그 구조의 이름이 바로 '리추얼'입니다. 루틴이 효율을 위한 반복이라면, 리추얼은 의미를 입힌 반복입니다. 성과를 내기 위한 장치가 아니라, 나를 회복하게 하고 삶과 다시 연결해주는 장치입니다.

긴장과 산만함 속에 견뎌온 하루, 열심히 살았으나 순간 텅

빈 느낌, 사람들 속에 있어도 올라오는 외로움, 의욕은 있는데 방향을 잃어버린 듯한 감각. 한 번이라도 그런 시기를 지나왔다면 이 책은 분명 도움이 될 것입니다. 저는 효율과 성과 위주의 루틴을 그저 반복하기만 한 몇 년보다 의미를 부여한 진정한 나만의 리추얼 몇 개월이 주는 강력한 힘을 몸소 체험했습니다. 변화를 원하는 분들을 위해 글을 쓰기 시작했습니다. 이 책을 통해 당신은 무언가를 더 해내야 하는 사람이 아니라, 이미 충분한 하루 위에 행복과 건강을 더해주는 아이템을 하나 더 장착하게 될 것입니다.

이 책은 5개의 장으로 구성되어 있습니다. 첫 장에서는 우리에게 리추얼이 필요한 이유와 과학적 근거, 설계 방법 그리고 저의 솔직한 이야기를 풀었습니다. 두 번째 장에서는 '나 자신과 연결되는 리추얼'을 제안합니다. 내가 진정 원하는 게 무엇인지 중심을 세우고, 몸과 마음의 리듬을 되찾는 방법입니다. 세 번째 장에서는 유명인들의 사례를 통해 그들이 어떻게 반복과 의미를 삶에 녹여왔는지 살펴봅니다. 가볍게 따라 해봐도 좋을 팁도 있습니다. 네 번째 장에서는 타인 그리고 공동체와 연결되는 리추얼을 다룹니다. 우리는 함께해야 행복한 유전자를 가졌기에 관계에 상처받아 고립을 택하는 것은 회복과 멀어지는 방식입니다. 마지막 다섯 번째 장에서는 자연과 초월적 존재와의 연결을 통해 잊고 있던 인간의 본성을 되살리는 리추얼을 담았습니다. 이 장에는 직접 써보고, 체크하고, 만들어볼 수 있는 페이지도 함께 실었습니다.

 처음부터 끝까지 읽지 않아도 됩니다. 지금 나에게 가장 필요한 장부터 펼쳐도 되고, 마음에 드는 리추얼 하나만 골라 실천해도 좋습니다. 특히 2, 4, 5장의 꼭지마다 세 가지 리추얼 예시를 넣어 자신에 맞게 선택하고 변형할 수 있도록 했습니다. 당신만의 일상 속 리추얼을 발견하고 설계하는 데 페이스메이커 역할을 할 수 있다면 더할 나위 없겠습니다. 생각보다 리추얼은 가까이 있습니다. 같이 한번 확인하러 가볼까요?

차례

프롤로그–행복과 건강을 위한 인생 아이템   4

1장 왜 리추얼인가

하루를 단단하게 해주는
작은 반복의 힘

1. 불안을 잠재운 건 거창한 변화가 아니었다   12
2. 익숙한 루틴이 주는 확실한 위로   18
3. 열심보다 리듬이 필요한 순간   25
4. 형식이 마음을 안정시키는 이유   32
5. 혼자 있고 싶지만 결국 연결되고 싶은 우리   39
6. 하루 10분의 반복이 인생을 바꾼다   46
7. 예측 불가능한 세상에서 나를 지키는 법   53
8. 오늘을 버티게 하는 나만의 주문   60

2장 나와의 리추얼

흔들리지 않는 나를 만드는
마음의 루틴

1. 시작은 작게, 그러나 꾸준하게   68
2. 의식 있는 반복으로 나아가기   75
3. 하루에도 리듬이 있다—나만의 흐름을 찾는 법   82
4. 가장 나다운 시간과 공간을 설계하라   89
5. 이름 붙이는 순간, 마음이 방향을 가진다   96
6. 리추얼 하나로 하루의 결이 달라진다   103
7. 멈춤이 곧 회복이 되는 순간   110
8. 흐릿해진 나를 다시 선명하게 만드는 법   117

3장 유명 인사들의 사례

리추얼의
천재들

1. 작가들의 리추얼   126
2. 세계적인 운동선수들의 리추얼   132
3. 경영 구루들의 리추얼   139
4. 정신적 리더들의 리추얼   146
5. 과학자들의 리추얼   153
6. 음악가들의 리추얼   160
7. 위대한 화가들의 리추얼   169
8. 영화인들의 리추얼   176

4장 타인·공동체와의 리추얼

인간관계의 리듬이
삶을 바꾼다

1. 리추얼은 '나'를 넘어 '우리'를 단단하게 만든다   182
2. 대화, 식사, 인사—관계를 이어주는 작지만 확실한 의식   189
3. 함께 반복할 때 쌓이는 관계의 안정감   196
4. 오래가는 관계의 공식=시간×반복×진심   203
5. 일의 리듬은 혼자 만들 수 없다   210
6. 같은 방향으로 걸어가는 사람이 주는 힘   218
7. 나눔은 결국 삶의 증거다   225
8. 잊고 있었던 연결을 다시 회복하는 순간   232

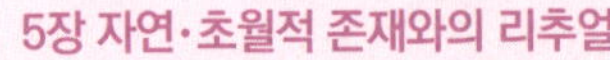

리추얼은 결국
나를 사랑하는 연습

1. 자연의 리듬 속으로 돌아가는 시간   240

2. 계절의 순환이 알려주는 삶의 타이밍   247

3. 덜어낼수록 선명해지는 나   254

4. 몰입의 순간, 나를 다시 만나다   264

5. 어쩌다 지나쳐버린 것들의 재발견   271

6. 잊지 말아야 할 단 하나, 끝이 존재한다는 것   279

7. 감사의 리추얼, 삶을 경외하는 가장 쉬운 방법   287

8. 평범한 하루가 반짝이는 이유   294

에필로그—삶을 바꾸는 기술이 아닌 다시 사랑하는 방식   301

1장

하루를 단단하게 해주는
작은 반복의 힘

불안을 잠재운 건
거창한 변화가 아니었다

'갓생', '미라클 모닝', '파이어족', '영끌' 같은 말들이 유행하면서부터였을까요? 어디서부터 시작됐는지 알 수 없는 불안과 긴장이 마음 한구석에 자리를 잡았고, 그렇게 달라붙은 조바심을 떨치기 어려웠습니다. 원래 불안이라는 것은 위험을 감지하기 위한 본능적 신호일 텐데, 눈에 보이는 위협이 없는데도 마음속에서는 경보음이 계속해서 울립니다. 핸드폰 알람, 쉴 틈 없는 정보의 홍수, 끝없이 비교되는 일상 속에서 안정감을 잃어버린 것일까요? 한번 흐트러진 시계추가 계속해서 흔들리듯이 미세하게 진동하며 내부에서 불안을 만들어내는 느낌이었습니다. 저는 그런 느낌을 털어내고 싶었습니다. 바쁘게 살면 해결될 줄 알았습니다.

퇴근 후 하루도 빼지 않고 무언가를 채워 넣었습니다. 일정을 빡빡하게 채웠지요. 평일엔 운동, 모임, 약속 등으로 꽉 채우는 건 당연했고, 아무 계획 없는 주말에는 마음이 편하지가 않았습니다. 다른 사람들은 나들이도 가고 새로운 경험을 쌓는데 나만 가만히 있으면 재미없는 인생을 사는 것처럼 느껴졌고, 하여튼 뭔가를 해야만 할 거 같았어요.

이러한 방식은 점점 더 일상의 여러 영역으로 퍼졌습니다. 심지어 가볍게 즐길 수 있는 유튜브 콘텐츠를 보면서도 특별한 지식이나 자기계발 정보를 주는 영상을 하나라도 보지 않으면 시간을 낭비하는 것처럼 느껴졌습니다. 당장 보지는 않아도 "나중에 볼 동영상"에 추가를 하고 나면 '아, 오늘은 그래도 뭔가 한 것 같은' 안도감이 들었습니다. 한편으로 새벽 4시에 일어난다는 사람들, 투잡을 넘어 N잡러인 사람들, 20대에 이미 몇억을 모은 사람 등등 영감과 자괴감을 동시에 주는 영상들이 계속 추천 영상으로 올라왔습니다. 자연스럽게 '나도 그 흐름을 따라가긴 해야 하는데 여기서 뭘 더 어떻게 해야 하지?' 하는 압박감이 생겼습니다.

매일 뭔가를 찾아도 보고, 따라 하기도 했으나 묘하게도 마음속에 남는 것도, 눈에 띄는 변화도 없었습니다. 새벽 4시 반에 일어나는 바람에 하루 종일 피곤해서 일에 집중하지 못하기도 했습니다. 무엇보다 불안감과 긴장은 그대로였습니다.

불안, 없애기보다 다루기

누구나 불안을 조금씩은 안고 살아가나 봅니다. 주변을 둘러보면 번아웃으로 일을 그만둔 사람, 갑작스러운 공황증세로 병원을 찾는 직장인, 사회적 관계에서 멀어진 은둔형 청년, 고립된 어르신의 무거운 이야기를 듣게 됩니다. 〈서울신문〉 기사에 따르면 최근 5년 사이 공황장애 환자가 50퍼센트 이상 늘었고, 우울증 진단 인구가 100만 명을 넘어섰다고 합니다. 불안은 특정 개인만의 문제가 아닌, 모두가 함께 겪는 시대의 감정이 되어버렸습니다.

왜 이렇게 되었을까요? 마음이 약한 사람에게만 생기는 일일까요? 끊임없이 성과를 요구하는 사회 분위기와 멈추면 도

태된다는 압박이 우리를 몰아세웁니다. 햄스터는 아무 때나 원하면 돌리던 쳇바퀴에서 내려올 수 있지만 우리는 그 굴레에서 내려오면 다시는 올라갈 수 없을지도 모른다는 패배적인 예감에 어쩔 수 없이 계속해서 달리고 또 달립니다. 성취해도 여전히 불안하고, 휴식하면 묘한 죄책감이 듭니다.

〈정신의학신문〉은 한 기사에서 "불확실한 삶을 완벽히 통제하려는 기대가 오히려 불안을 키운다"라고 했습니다. 통제하려는 마음이 강할수록 현실이 자기 뜻대로 되지 않을 때의 무력감이 더 커진다는 거죠. 그 무력감이 불안을 자극하면 다시 마음을 다스리려고 애쓰는 악순환이 되는 셈인데, 그 속의 불안은 형태와 모습만 바꾸어서 되돌아옵니다.

안타깝게도 저를 포함한 많은 사람들은 이 악순환의 소용돌이 속에서 종종 방향을 잃습니다. 하루하루가 정신없이 흘러가고, 그러다 보면 무엇을 위해서 이렇게 바쁘게 사는지 모를 때가 많습니다. 무언가 하나에 진득하게 몰입해보고 싶지만 시작하고 나면 또 금세 흥미를 잃고 싫증이 나버리죠. 그렇게 또 새로운 자극과 경험을 찾아서 다시 방황하게 됩니다.

이런 혼란이 반복될수록 산만하고 무질서한 일상을 멈추고 내 자리에 닻을 내리고 싶다는 갈망을 느끼게 되었습니다. 무언가 나를 꽉 잡아주길 바랐습니다. 휘청이지 않도록, 이리저리 부유하지도 않고 내가 내 발로 단단히 설 수 있는 그 무엇, 어떤 기준점이 필요하다는 것을 점점 깨닫게 되었습니다.

작은 리듬 하나면 충분하다

불안, 우울, 혼란, 산만, 고립, 번아웃. 완전히 없앨 수는 없어도 잠재울 수는 있습니다. 불안을 다루는 방법을 바꿀 수 있습니다. 리추얼이 그 시작점입니다. 리추얼은 거창한 변화가 아니라 리듬 있는 하루를 만드는 작은 습관입니다. 이 리듬은 불확실한 세상 속에서 나만의 기준점을 심기 시작합니다.

불안이 커지는 이유는 예측할 수 없기 때문입니다. 앞으로 무슨 일이 일어날지 알 수가 없을 때 사람은 통제력을 잃은 듯한 불안감에 휩싸입니다. 이세돌 9단은 인터뷰(유튜브 채널 '공부왕찐천재 홍진경')에서 바둑을 좋아하는 한 가지 이유로 '자신이 결정할 수 있다'라는 점을 꼽았습니다. 한 치 앞을 내다보기 힘든 불확실한 상황에서도 수를 읽어 '내가 결정할 수 있다'라는 통제감이 굉장한 매력으로 다가왔던 것이지요.

리추얼은 불확실한 현실 속에서 예측 효능감을 심어줍니다. 아침에 일어나서 창문을 열고 이불을 개는 일, 씻기 전 간단한 스트레칭, 출근 전에 카페를 들러 커피를 사는 일과 같은 단순한 반복이 하루의 구조를 만듭니다. 사소하지만 이런 행동들이 '내가 할 수 있는 일', '예측이 가능한 부분'의 감각을 만들지요. 그 감각이 곧 통제감의 시작점이 됩니다.

리추얼은 누구에게나 이미 존재합니다. 매일 비슷한 시간에 밥을 먹거나, 퇴근 후에 강아지랑 하는 산책도 리추얼이 될 수 있습니다. '의식'적으로 반복할 때 그 행동은 단순 습관을 넘어 마음을 안정시키는 구조가 됩니다. 중요한 것은 '무엇을 하느냐'보다는 '그 행동을 어떤 마음으로 하느냐'입니다. 의식적인 반복은 하루의 리듬을 일정하게 만들어주고, 그 리듬이 쌓이면 마음이 흔들릴 때 붙잡을 수 있는 기준이 됩니다. 잡지 《엘르》의 인터뷰에서 배우 전지현은 이렇게 말합니다. "슬플 때도, 기쁠 때도, 눈물을 흘릴 때도 언제나 새벽 6시에는 러닝머신 위에 있었다. 나에게 운동은 명상과도 같다. 어느 순간 머릿속이 깨끗하고 차분해지는데 그 느낌을 좋아한다."

많은 사람들이 불안을 줄이기 위해 큰 결심이나 색다른 변화가 필요하다고 생각하지만 내가 매일 할 수 있는 한 가지 작은 행동이 하루를 안정시키고, 불확실하고 혼란한 세상 속에서도 나를 잃지 않게 만듭니다. 리추얼은 혼돈 속에서도 질서와 안정을 회복하게 해주는 가장 단순하고 현실적인 방법입니다.

익숙한 루틴이 주는
확실한 위로

아는 맛이 정말 더 맛있다?

혹시 아침 출근길마다 커피를 사 가지는 않나요? 아이스 아메리카노, 뜨거운 카페라테, 바닐라라테 등 종류는 다양하지만 지금 아침의 커피를 떠올리는 여러분 중 80퍼센트 이상은 매일 같은 맛을 선택할 거라 예상합니다. 맛있어서, 좋아서 그 커피를 선택했다고 보통은 생각하겠지만, 사실 인간의 뇌는 '예상할 수 있는 맛'을 더 좋아한다고 합니다. 새로운 선택에는 늘 약간의 에너지가 필요한데, 이미 알고 있는 맛은 뇌가 부담 없이 받아들일 수 있습니다. 그래서 '아는 맛이 더 무섭다'라는 말도 있지요. 질리도록 먹어봤는데도 선택의 순간에 이상하리만치 또 손이 가는 이유가 바로 여기에 있습니다.

여행을 마치고 집으로 돌아오는 길을 잠시 떠올려봅시다. 새로운 음식과 풍경, 신선하고 낯선 경험들로 즐겁게 며칠을 보냈어도 공항버스가 동네 어귀로 진입한 찰나, 마음이 스르륵 풀리는 경험을 합니다. 아무리 좋은 5성급 호텔도 내 집, 내 침대만큼 만족스럽고 편안하기는 어렵습니다. 왜냐하면 익숙한 이 공간은 '예측 가능 정보'로 가득하기 때문입니다. 어디에 무엇이 있는지, 어떻게 움직이면 되는지, 어떤 일이 일어날지 이미 다 알고 있습니다. 이제 긴장되지도, 불안하지도, 두렵지도 않습니다. 지도를 보고 길을 찾지 않아도 됩니다. 어떤 식당이 최고의 선택인지 비교할 필요도 없습니다. 여기서는 내가 어떻게 행동하면 되는지 수없는 반복을 통해 학습해왔습니다. 해석해야 하는 새로운 정보가 없는 이 공간 안에서 우리의 몸은 여기는 안전하다는 신호를 보내고, 마음은 자연스레 안정됩니다. 여기서 우리는 중요한 사실 하나를 확인할 수 있습니다. 반복은 편안함을 주고, 익숙한 패턴은 가장 확실한 위로를 제공한다는 사실입니다.

리추얼을 이루는 세 가지 기둥 중 하나는 바로 '반복'입니다. 리추얼이란 '일상생활 속에서 의미를 부여하여 반복하는 의식과 같은 행위'로 하루, 일주일, 한 달, 일 년 등을 주기로 합니다. 이는 삶에 리듬을 부여하고 안정감을 주어 몸과 마음을 돌보는 데 긍정적인 역할을 합니다. 그런데 왜 우리는 익숙함과 반복을 지루해하지 않고 좋아하는 걸까요?

같은 실수를 반복하는 이유

인간은 같은 실수를 반복합니다. 정확히 표현하자면, 실수인 줄 알면서도 계속 합니다. 의지력이 약해서가 아니라, 반복이라는 행위 자체를 사랑하기 때문이지요. 반복에서 쾌감과 안정감, 학습 효과를 느끼기 때문입니다. 반복은 단순한 행동 이상의 의미를 가지며 뇌가 가장 편안함을 느끼는 인간의 중요한 생존 방식입니다. 이러한 경향은 심리학과 신경과학 연구에서 다음과 같이 여러 번 확인되었습니다.

첫째, 반복되는 행동은 뇌의 보상회로를 자극합니다. 동일한 행동을 여러 번 수행할 때, 도파민 경로가 활성화되고 쾌감을 느낍니다. 뇌는 '이 행동은 보상이 있다'라고 판단하고 다시 그 행동을 선택하려 합니다. 이것이 누적되면 반복하는 그 행동은 유익하다는 판단 경로가 생기고, 실수라고 생각하면서도 무의식적으로 반복하게 됩니다.

둘째, 1968년 로버트 자이언스*Robert Jajonc*의 '반복 노출 효과*Mere-Exposure Effect*' 실험에 따르면 처음 본 낯선 단어일지라도 여러 번 노출되면 사람들은 점점 더 그 단어를 좋아하게 된다고 합니다. 반복은 예측 가능성을 높이고, 이는 뇌의 부담을 줄여 안정감을 줍니다. 우리가 매번 같은 길로 출근하고, 처음 봤을 때는 별 관심도 없고 이상하다고만 생각했던 유행이 어느 순간 멋져 보이고 마침내 나도 해보고 싶어지고 가지고 싶어지는 심리도 자연스러운 현상이었던 거죠.

셋째, 심리학자 미하이 칙센트미하이*Mihaly Csikszentmihalyi*의 연구에 따르면 인간은 어떤 행동에 몰입하는 순간 가장 큰 행복감을 느끼는데요, 사람을 능숙함과 몰입 상태로 이끄는 데 '반복된 행동'이 중요한 역할을 합니다.

넷째, 반복에 대한 선호는 다양한 분야에서 일관되게 나타납니다. 음악심리학 연구에 따르면 반복되는 후렴이 있는 음악의 선호도가 더 높았습니다. 콘서트에서 청중이 함께 목청껏 따라 부르기로 유명한 곡들은 대개 매력적인 후렴구를 가지고 있지요. 또 행동경제학에서는 반복 구매 경험이 있는 제품을 재구매할 확률이 높다고 알려줍니다. 인지심리학에서는 반복 학습이 장기기억에 효과적이라고 말하고 있습니다. 이는 진화심리학적 관점에서 위험 회피에 도움을 주어 생존에 유리한 조건이기도 했습니다.

이렇듯 반복 선호는 인간의 본질적 특성 중 하나였던 것입니다. 그동안 이해하지 못했던 나의 반복된 실수들은 나도 어찌할 수 없었던 인간의 본성 때문에 일어났던 것인지도 모릅니다. 그렇게 보면 조금 위안이 되지 않나요?

익숙함이 삶의 기준점을 만들다

리추얼은 '일상 속 자신만의 의미를 가지고 의례나 의식처럼 녹여서 반복적으로 하는 행위'입니다. 여러분도 무의식적으로 마냥 좋아서 반복하는 일이 있을 겁니다. 따라서 어떻게 보면 우리 모두 리추얼의 씨앗을 가지고 있다고 해도 과언이 아닙니다. 여기에 내 나름의 의미와 상징을 담는다면 그야말로 훌륭한 나만의 리추얼이 되는 거죠.

초등학교에 입학했을 때쯤입니다. 당시 부모님은 토요일에 제가 좋아하는 애니메이션 하나씩을 보게 해주셨습니다. 어린

제 눈에 재미있는 애니메이션이 얼마나 많았을까요? 그런데도 선택은 항상 〈작은 아씨들〉이었는데 두 가지 이유가 있었습니다.(부모님은 지금까지도 너는 항상 그것만 골라 왔다고 가끔 이야기하며 웃으십니다.) 첫 번째는 베스가 로리의 집에 가서 피아노를 치는 장면을 보기 위해서였는데 그때 흘러나오는 피아노곡은 꼬맹이 귀에도 황홀하리만치 아름다웠습니다. 그 몇 초를 위해 주말마다 봤다고 해도 틀린 말이 아니었습니다. 지금에야 스마트폰으로 검색해서 바로 들을 수 있지만 당시엔 그럴 수가 없었지요. 나중에 알았습니다. 그 곡은 쇼팽의 〈즉흥환상곡〉이었습니다. 두 번째는 조가 원고료를 받고 기뻐하는 장면입니다. 내가 쓴 글을 누군가 돈을 주고 바꿔 간다는 것은 정말이지 그 어떤 능력보다 멋있어 보였습니다. 처음 들어본 '원고료'라는 단어가 근사하게 느껴졌지요. 이 두 장면을 보기 위해 저는 주말마다 매번 같은 영상을 고른 거죠. 다 아는 장면인데도 도무지 질리지 않았습니다. 이것이 제가 기억하는 인생 최초의 리추얼입니다. 돌아보면 그렇게 뇌리에 박힌 두 장면은 저에게 엄청난 영향을 주었죠.

 퇴근 후에 종종 배달음식을 시켜 먹는 분이 있을 거예요. 뭐가 있나 살펴보고 주문하고 기다린 후 차려놓고 먹는 그 행위 과정 자체가 위로를 줍니다. 비록 나중에 후회한다 해도 그 일련의 과정을 반복하며 뇌에 '이것은 기쁨을 준다'라는 보상회로를 새겼기 때문에 멈추기가 힘든 것이겠죠. 저는 저녁 약속을 마치고 집에 오는 길에 평소보다 과식했을 때도 꼭 편의점을 들러 커피와 초콜릿 과자를 삽니다. 굳이 안 먹어도 되는데 그 두 가지를 먹고 나서야 진짜로 오늘의 이벤트가 마무리된 것 같은 느낌이 들어요. 실패 없는 100퍼센트의 확실한 위로인 거죠.

그렇다면 이런 반복의 힘을 나 자신을 위해 써보는 건 어떨까요? 리추얼에는 힘이 있습니다. 우리를 불안과 긴장, 산만에서 곧바로 꺼내줄 수도 있지요. 회복과 행복을 넘어 삶이 바뀌는 경험까지도 가능하게 하는 것이 리추얼이랍니다.

열심보다
리듬이 필요한 순간

불타오름은 짧고 리듬은 길다

저는 매주 두 번 배드민턴을 칩니다. 특히 금요일 레슨은 굉장히 기다리는 시간이지요. 얼마 전 가족 일정이 겹쳐 일주일에 한 번이라 아쉬워서 어렵게 말씀드렸습니다. "코치님, 다음 주에 사정이 있어 나올 수가 없네요. 죄송하지만 이번 주에 조금만 더 할 수 있을까요?" 제 체력을 과대평가한 거죠. 소화할 수 있는 양이 정해져 있을 텐데 과욕을 부려서 그날 체력을 다 써버렸습니다. 스스로 신체리듬을 깨버린 거죠. 감기와 몸살이 겹쳐오는 바람에 운동을 3주 가까이 쉬게 되었습니다. 그때 다시 깨달았습니다. 무턱대고 열심히 하는 것보다 리듬을 유지하는 것이 현명하다는 것을요.

어릴 때는 용암처럼 다 녹여버릴 것 같은 뜨거운 열정이 천년만년 갈 줄 알았습니다. 이제는 그렇지 않다는 것을 경험으로 체득했습니다. 분명 불꽃처럼 타오르는 열정은 강렬합니다. 하지만 불꽃이 꺼지고 난 다음 파사삭 내려앉는 재처럼, 타오르는 열정 후에는 무기력과 침울함이 찾아오기 마련입니다. 반면 작은 파동처럼 규칙적인 리듬은 초반의 화려함은 덜하지만 시간이 흐른 뒤 돌아보면 무엇인가 차곡차곡 쌓여 있는 것을 느낄 수 있습니다. 가끔 뒤적여주는 화롯불을 상상해보세요. 그 온기가 오래갈 것이라는 것은 누구나 알 수 있습니다.

리듬이 힘을 갖는 두 가지 이유가 있습니다. 첫째로, 의지는 고갈되기 마련입니다. 시작할 때는 누구나 '이번에는 진짜 달라!' 하고 마음을 먹지만 그 동기는 반짝이다가 곧 시들해지고 그러다 결국 멈춰버립니다. 리듬은 다릅니다. 매일 또는 격일로 조금씩 한다는 규칙이 서서히 자리 잡아가다 어느 순간 하지 않으면 괜히 찝찝한 기분마저 듭니다. 굳이 생각하지 않아도 몸이 반응하는 경지에 이르게 되죠. 둘째로 누적의 아름다움입니다. 작은 반복이 1그램씩 쌓여서 일정한 질량을 이루게 되고, 마침내 큰 변화가 일어납니다. 예를 들어, 하루 딱 10분 글쓰기를 한다고 하면 일 년이라면 노트 한 권 분량이 나올지 모릅니다. 부담이 없지요. '하루는 두 시간 쓰고 하루는 쉬자' 식의 패턴은 지속 가능성이 매우 낮습니다. 노력의 절대적 양만이 중요한 게 아니라, 노력이 리듬 속에 잘 배치되느냐도 중요하다는 거죠. 리추얼은 하루, 일주일, 한 달, 일 년, 우리가 정하는 대로 삶에 리듬감을 부여하여 지루한 일상에는 신선한 리듬을, 무너진 일상에는 정돈의 리듬을 불어 넣어줄 것입니다.

노력의 한계, 리듬의 지혜

리추얼을 설계하고자 하는 당신에게 권하고 싶은 것은 "지금 당장 모든 것을 해낸다!"라는 모드가 아니라 "오래갈 수 있는 리듬을 설계하자"라는 태도입니다. 예를 들어 저녁식사 후 10분 서 있기, 아침 5분 스트레칭, 주말 아침 20분 독서처럼 강도보다는 지속 가능한 속도를 먼저 체감하고 기준을 세우는 것입니다. 그런 하루하루가 쌓이면, 이제는 리듬이 나를 붙잡아주기 시작합니다. 때로 리듬조차 무너질 수 있습니다. 변화가 많은 날, 일정이 깨지는 날이 있습니다. 하지만 중요한 건 다시 그 리듬에 올라와서 리듬이라는 구조가 나를 지켜주도록 만드는 것입니다. 오늘 잠깐 멈췄더라도, 내일 그 리듬의 파도에 다시 올라타면 됩니다.

저는 아침마다 7분 슬로우 조깅을 합니다. 어느 날 달리기에 관해 검색하다가 하루에 7분 이상만 꾸준히 하면 건강에 긍정적인 효과를 준다는 영상을 보았습니다. 그 후로 늦게 일어나도 고민하지 않고 딱 7분만 하고 온다는 생각으로 일단 나갑니다. 눈부신 하늘과 푸른 나무도 보고, 활기차게 견주와 산책하는 강아지를 보면서 에너지를 얻고 돌아옵니다. 예전에는 최소 20분 정도의 시간이 나지 않으면 아예 나가지도 않았습니다. 결론적으로 운동량이 많아졌고 만족도도 높아졌습니다.

코로나 팬데믹 기간에 집합운동이 금지되고 할 수 있는 게 없어 산책에 집착한 적이 있습니다. 하루 2만 보가 목표였지요. 어느 날 일정이 있어서 한 번에 오래 걷게 되었습니다. 무릎 안쪽에 통증이 느껴지는데도 버티고 목표량을 채웠지요. 그 후에 어떻게 되었을까요? 병원 신세를 지고 한 달 이상 운동을 할 수 없었습니다. 영화 〈F1: 더 무비〉 속에 나왔던 대사 중 유명한 문장이 있지요. "Slow is smooth, smooth is fast." 느린 게 부드럽고, 부드러운 게 빠르다. 즉 "천천히 부드럽게 하면 결국 빠르다"로 해석할 수 있습니다. 조절된 리듬이 오히려 가장 빠른 결과로 이어집니다. 인생도 마찬가지입니다. 리추얼은 반복의 리듬을 타게 함으로써 우리를 탈진에서 지켜주고, 방향을 잃지 않도록 해줍니다. 그리고 가장 중요한 것, 오래가게 해줍니다. 노력의 한계는 분명 존재하나 리듬의 지혜는 그 한계를 넘어서게 합니다.

의지가 아니라 리듬

철학자 니체는 "천재란 오래 견디는 자"라고 말했습니다. 오래 견디는 꾸준함을 위해 무엇이 필요할까요? 사람들은 꾸준함을 의지의 문제로 오해하지요. "나는 원래 의지가 약해. 좀더 강했다면 좋았을 텐데", "어렸을 때부터 이래서 고치기 힘들어"라고 쉽게 말합니다. 하지만 행동과학에서 반복적으로 확인된 결론은 정반대입니다. 꾸준함을 만드는 것은 의지가 아니라 리듬입니다. 의지는 감정처럼 하루에도 수십 번 변하지만, 리듬은 구조이자 패턴이라서 거기에 그대로 있습니다. 감정이 아닌 구조와 시스템이 사람을 움직이게 합니다.

아침운동을 꾸준히 하는 사람들이 하는 말에는 공통점이 있습니다. "어떻게 매일 운동하세요?"라는 질문에 이런 대답이 돌아옵니다. "일단 눈 뜨면 보이는 곳에 운동복을 두고 바로 갈아입어요. 귀찮다고 생각하기도 전에 그냥 합니다." 스트레칭을 하는 피겨스케이팅 김연아 선수에게 누군가 무슨 생각을 하면서 하냐고 묻습니다. 그 대답이 멋집니다. "무슨 생각을 해. 그냥 하는 거지. 하하." 바로 리듬의 힘입니다. 불타는 의지보다는 결정하지 않고 그냥 하는 구조가 리듬과 꾸준함을 만드는 거죠.

리듬은 자기효능감을 회복시킨다는 장점도 가지고 있습니다. 내가 매일 조금씩 해냈다는 감각이 쌓이면 스스로에 대한 신뢰감도 높아지는 것은 당연합니다. 반면 폭발적으로 하다 번번이 무너지는 패턴은 자기에 대한 신뢰를 갉아먹는 셈이 됩니다. "나는 왜 이렇게 꾸준하지 못할까"라는 잘못된 정체성이 만들어지기 쉽습니다. 구글의 내부 프로젝트 분석에서도 짧고 반복적인 실행 리듬을 가진 팀이 큰 폭발력으로 몰아치는 팀보다 장기적으로 성과가 더 높다는 결과가 여러 차례 관찰되었다고 합니다. 탁월함은 강렬하나 순간적인 의지가 아니라 작아도 일정한 박자에서 나온다는 것입니다. 리추얼을 생각하는 당신도 이러한 질문을 던져보면 좋겠습니다. "내 리듬은 어떻게 설계되어 있는가?"

　아침에 일어나서 가장 먼저 하는 행동, 퇴근 후의 작은 습관, 일주일 동안 반복되는 생활방식. 작지만 이 모든 것들이 리듬을 만드는 보이지 않는 구조입니다. 꾸준함은 특별한 재능이 아닙니다. 예측이 가능한 흐름 속에서 내가 자연스럽게 따라 움직이도록 만드는 리듬. 그것이 진짜 힘 아닐까요. 리추얼과 함께하는 리듬은 당신을 매일 제자리로 데려올 수 있습니다.

형식이 마음을
안정시키는 이유

형식은 그저 껍데기일 뿐일까?

'파워 포즈'의 열풍이 불었던 적이 있습니다. "당당한 자세를 취하라, 당신 인생이 바뀔 수 있다." 하버드 경영대학원의 에이미 커디*Amy Cuddy* 교수가 2012년 테드*TED* 강연에서 설파했던 것인데요, 실험 참가자를 두 그룹으로 나누어 한쪽은 다리를 쫙 벌리고 두 팔을 뻗는 등 자신감 넘치는 자세를 취하도록 했습니다. 다른 한쪽은 다리를 오므리고 팔을 모으는 등 소극적인 자세를 취하라고 했죠. 이 자세를 2분간 취한 직후 연구진이 두 그룹의 타액을 채취해 성분 분석을 해보니 자신감 넘치는 자세 그룹은 테스토스테론이 올랐고 코티졸은 줄었지요. 즉 자신감 있는 자세를 취하면 실제로 자신감이 올라가고 스트레스 호르몬은 감소하니, 중요한 회의나 발표 등 행사 전에 이를 활용하면 도움 된다는 조언이었습니다. 일상생활에서도 이 방식으로 손쉽게 자신감을 끌어올릴 수 있다고도 했지요. 몇 년 후 이 실험의 통계 기법에 문제가 있었다는 비판도 있었지만, 저는 여전히 우리에게 배울 점을 남긴다고 봅니다. 웃는 표정을 지으면 뇌가 지금 나는 즐겁다고 판단하듯이, 스스로 자신감이 올랐다고 믿는 게 손해 보는 장사는 아니라는 거죠.

자세와 몸짓, 즉 외적인 형식이 마음가짐, 즉 내적의 변화를 이끌 수 있습니다. 예컨대 다른 사람들에게 예의를 갖출 때 몸가짐이 바르면 속마음도 그럴 것이라고 보통 생각합니다. 물론 그렇지 않을 수도 있습니다. 하지만 생각해보세요. 몸가짐이 반듯하지 않은데 속마음이 과연 예의를 갖추고 있을까요? 이런 경우에는 거의 100퍼센트 가깝게 다른 마음을 먹고 있는 거죠. 아이가 잘못해서 어른이 훈계를 하는데 팔짱을 끼고 있다거나 다른 곳을 보거나 짝다리를 짚고 서 있으면 자세를 바르게 하라는 말이 나올 수밖에 없지요. 예의를 갖춘 몸가짐은 정신적인 효과가 있고 상대방에게도 내가 존중받고 있다는 느낌을 줍니다. 몸이 정신을 따라가는 게 아니라 정신이 몸을 따라갑니다. 최근 형식은 중요하지 않다고 생각하는 사람이 점점 더 많아지고 있습니다. 형식 말고 내용이 중요하다는 거죠. 그렇지만 형식을 갖추는 행위는 절대로 쓸데없는 것이 아닙니다. 오히려 내용의 질을 생각한다면 절대 무시해서는 안 되는 게, 형식에는 상징적인 힘이 있어 우리로 하여금 안정감이 들게 하고 우리의 생각을 지배하는 힘이 있지요. 리추얼은 형식을 갖춘 나만의 의식입니다. 나만의 리추얼을 갖게 되면 인생을 바꿀 수 있는 나만의 무기가 생긴다고 볼 수 있습니다.

굳이 이혼식을 하겠다는 이유

형식은 시작과 끝을 알려주어 우리가 예측할 수 있도록 합니다. 시간이라는 얼음판 위에서 멈추지 못하고 질주만 할 때가 있습니다. 말하자면 끝없는 롤러코스터를 타는 것입니다. 내 의지대로 한 번씩 내려서 물도 마시고 화장실도 가고 다른 탈 것은 뭐가 있나 봐야 하는데, 그러지 못하고 그냥 지나가기만

하는 것입니다. 그렇게 되면 머릿속에 남는 것도 없지요. 이렇듯 시간에서 미끄러지게 되면 그 흐름 위에서 나의 속도대로 진정한 내 삶을 살기 어렵습니다. 역설적으로 멈추기도 해야 나아가기도 하는 것이죠. 그래서 우리에게 리추얼이라는 형식이 필요합니다. 형식은 시간을 구조화하고 내가 무언가를 끝낸다는 감각을 줍니다. 그리고 내가 새로운 상태로 나아간다는 감각을 줍니다.

예를 들어 학교에서 수업 시작종과 종료종이 없으면 우리가 시간을 구조화하는 느낌을 받을 수 있을까요? 시계가 있음에도 시작종이 치는 것을 듣고 나서야 '아, 이제 시작이다'를 느끼게 됩니다. 종료종이 안 치면 어떨까요? '어? 진짜 끝난 거 맞아?' 하는 찜찜한 느낌이 듭니다. 이렇듯 종소리의 의식은 어디만큼 왔다고 인지할 수 있는 안정감을 주는 거죠.

코로나 팬데믹 시절에 학교에서 졸업식을 진행할 수가 없었습니다. 그럼 어떻게 했을까요? 졸업식을 생략해야 할까요? 그럴 수는 없겠죠. 졸업식을 하지 않으면 졸업하는 기분이 안 들 겁니다. 많은 학교의 경우, 졸업식 가운과 학사모를 가정으로 대여하여 사진을 찍게 했고, 당일 교실에서 하는 졸업식 영상을 실시간 송출했습니다. 비슷한 의미로 2010년 이래로 일본에서는 이혼식이라는 걸 하는 사람들이 있다고 합니다. 가족, 친지가 지켜보는 가운데 이혼 서류에 도장을 찍고, 결혼반지를 망치로 함께 부숨으로써 혼인 관계가 깨졌음을 공식화합니다. 이혼했으면 이혼한 건데 굳이 이렇게 이혼식까지 하는 이유를 이제는 알겠지요. 새로운 인생을 출발한다는 선언이 마음을 안정시키는 것입니다. 이렇게 형식은 우리의 삶이 그저 흘러 미끄러져 가지 않게 잡아주는 역할을 합니다. 일상에서도 리추얼이라는 형식을 적용해본다면 우리는 생존이 아닌 진짜 삶을 살게 되는 것입니다.

공식적인 금요일 Formal Friday

오래전 우연히 접한 영상 속 어떤 분의 말씀이 아직도 마음에 남습니다. 그분은 우울증과 대인기피로 힘든 시간을 보내다가 몇 가지를 일상에서 실천하여 이후 증상이 훨씬 나아지고, 힘들었던 마음도 많이 치유되었다고 합니다. 그중 하나는 바로 '혼자 밥을 먹더라도 예쁜 그릇에 담아 먹기'였습니다. 대충 주문해서 일회용기에 담긴 그대로 먹는 게 아니라 나를 위해 요리하고, 배달음식을 먹어도 예쁜 그릇에 담아 먹는 게 자존감을 올리는 데 큰 도움이 되었다고 말했습니다. 음식만 맛있으면 될까요? 아무리 진수성찬이라도 이가 빠지거나 이상한 그릇에 담겨 있다고 하면 별로 먹고 싶지 않을 겁니다.

마셜 맥클루언*Herbert Marshall McLuhan*의 "미디어가 곧 메시지이다"라는 유명한 말이 있습니다. 어떤 미디어를 선택하느냐에 따라서 내용까지도 결정된다는 의미입니다. 역사적으로 미디어가 인간의 행동을 결정해왔습니다. 같은 내용이라도 손편지를 쓰는 것과 짧은 영상으로 올리는 것은 전혀 다른 느낌을 줍니다. 예를 들면 유명 인사들이 진중한 이야기를 하거나 사과의 뜻을 표현해야 할 때는 손으로 정성 들여 쓴 편지를 사진이나 영상을 찍어 대중에 공개합니다. 왜 그럴까요? 진심을 보여줘야 할 때는 예의를 갖추어야 한다고 생각하기 때문입니다. 예의를 갖추기 위해서는 형식을 갖춰야 합니다. 나에게 형식을 갖추는 사람을 보면 나를 존중한다고 느끼게 됩니다.

코로나 팬데믹이 한창일 때 재택근무가 권장되었고 집에서 혼자 격리되어 생활해야 하는 경우도 많았습니다. 많은 사람들이 불안과 무기력의 극을 달렸습니다. 그때 미국 코미디언 지미 키멀*Jimmy Kimmel*과 그의 아내는 집에 혼자 있더라도 매주 금요일에는 의식을 치르듯이 정장을 차려입고 저녁식사를 하는 공식적인 금요일 Formal Friday를 제안했습니다. 격식과 형식이 없는 한 주 생활을 벗어나 특별한 복장으로 집에서 보내는 시간이었습니다. 그의 말을 빌리자면 이렇습니다. 아무 일도 없지만 턱시도를 입고 혼자 혹은 가족들과 저녁식사를 하는 이유는 우리가 인간인 척하기 위함이지 다른 이유는 없다는 것입니다. 그들의 제안에 공감한 많은 사람들이 직장, 학교 등 다양한 곳에 참여하며 SNS 인증 운동을 하기도 했습니다. 우리가 형식을 갖출 때 비로소 진정 인간임을 다시 느끼고 구조와 균형에 대한 감각, 그리고 안정을 느낀다는 것을 확인할 수 있는 예라고 볼 수 있습니다.

5

혼자 있고 싶지만
결국 연결되고 싶은 우리

고독과 관계를 동시에 원한다

앞서 리추얼을 이루는 세 가지 기둥 중 하나는 '반복'이라고 했습니다. 또 다른 한 기둥은 바로 '연결'입니다. 절실하게 고독을 갈망해본 적이 있나요? 1인 가구로 살고 있는 친구가 이렇게 말했습니다. "물론 나는 내 가족을 정말 사랑해. 그런데 본가에 갔다가 내 집에 돌아오면 그렇게 행복할 수가 없어. 혼자서 침대를 뒹굴 생각만 해도 웃음이 나오더라니까." 가족과 함께 살며 거실에서 도란도란 이야기를 잘 하다가도 내 방으로 돌아오면 편안한 기분이 듭니다. 홀로 조용히 있을 때 비로소 차분하게 정리가 되고, 외부의 간섭 없이 내면의 목소리가 들리는 순간이 오죠.

헨리 데이비드 소로_Henry David Thoreau_는 이런 말을 남겼습니다. "I never found the companion that was so companionable as solitude." 고독이 진정한 동반자라는 의미인데요, 인간은 자신에게 집중하고 싶어 하는 본질적 욕구가 있죠. 예전과는 달리 혼자 영화 보고, 혼자 밥 먹고, 혼자 여행하는 등 다양하게 혼자 하는 활동이 흔해졌습니다. 그 누구의 눈치도 보지 않고 오롯이 나에게만 집중할 수 있기 때문이죠. 하지만 아이러니하게도 우리는 관계의 따뜻함 역시 필요로 합니다. 지인 중 하나는 앞으로 혼자 여행하지 않겠다고 선언했습니다. 누구보다도 혼자만의 탐험을 즐기던 친구였는데 이제 혼자 가면 재미가 없답니다. 아름다운 풍경을 보면서, 맛있는 음식을 먹으면서 누군가와 그 감상과 감정을 나누고 싶다는 게 가장 큰 이유였습니다.

이렇듯, 고독과 연결은 서로 배타적 관계가 아니며 우리 안에 공존합니다. 진화의 관점에서 인간은 고립된 상태라면 살아남기 힘들었을 것입니다. 서로 돕고 정보를 나누면서 협력

해온 것이 인류의 생존 기반이었습니다. 그럼에도 나만의 시간이 필요한 건 분명합니다. 자신이 진정 원하는 것에 대해 성찰하고, 불필요한 외부 자극에서 벗어나 휴식할 수가 있기 때문입니다. 그래도 연결에 대한 욕구는 사라지지 않죠. 심리학자들은 외로움을 '연결이 부족한 상태의 경고 신호'라고 설명합니다. 따라서 우리가 리추얼을 설계할 때 이 두 갈망을 조화롭게 한다면 더할 나위 없을 것입니다.

이불 밖은 위험하다고?

"이불 밖은 위험해"라는 말을 들어보았나요? 밖에서 돌아다니지 않고 집에 그것도 이불 안에 있으면 외부의 위험 상황으로부터 사고 당할 일 없이 안전하다는 뜻이지요. 과연 그럴까요? 매시간 100명, 하루 2,400명. 세계보건기구*WHO*에서 발표한 외로움과 고립으로 인한 추정 사망자 수입니다. 교통사고나 감염병보다도 높은 수치입니다. 놀랍지 않나요? 전문가들은 외로움은 단순한 개인감정 문제가 아니라 사회적 질병과 보건 위협으로 보아야 한다고 강조합니다. 세계보건기구는 사회적 고립이 신체적, 정신적 건강에 심각한 영향을 미친다고 보았습니다. 미국 공중보건서비스단*PHSCC* 단장인 비베크 머시*Vivek Murthy* 의무총감은 "외로움은 매일 담배를 15개비씩 피우는 것만큼 건강에 해로우며, 외로움으로 인한 건강상의 위험이 비만이나 신체활동 부족과 관련된 위험보다 훨씬 크다"라고 경고했습니다.

예전에 비해 디지털 기술이 엄청나게 발달한 덕에 사람들은 원할 때마다 연결될 수 있어 외로울 틈이 없지 않냐고 생각할 수 있습니다만 사실은 그렇지 않다고 합니다. 디지털 기술은 연결성을 높이지만 비대면 중심 소통이기에 오히려 고립과 외로움을 심화시키는 경향이 있습니다. 또한 온라인 상호작용은 즉각적이지만 깊이가 얕아서 정서적 끈끈함이 오히려 떨어집니다. 『리추얼의 종말』이란 책에서 저자 한병철은 이렇게 말합니다. "공명이 없으면 사람은 자기에게로 되던져지고 독자적으로 고립된다. 공명은 '함께 소리 냄'을 의미한다. 우울은 공명이 없을 때 발생한다. 오늘날 공동체의 위기는 공명의 위기다. 디지털 소통은 반향실을 기반으로 삼는데, 반향실 안에서 사람은 일차적으로 자신의 말을 듣는다. '좋아요', '친구', '팔로워'는 공명의 토대를 이루지 못한다. 자아의 반향을 강화할 따름이다." 반향실은 소리의 잔향 효과를 위해 설치된 공간으로 소리가 밖으로 나가지 않고 메아리처럼 울리게 만든 방을 말합니다. 디지털 안에서의 소통은 비슷한 사람끼리 연결되는 구조의 한계가 있어서 방 안에서 자기의 메아리를 듣는 꼴이 된다는 거죠. 알고리즘 또한 나의 선호를 바탕으로 추천되기에 다양한 목소리를 듣는 기회조차 적어지게 됩니다. 저자는 "리추얼은 협화음을 내고 공통의 리듬을 탈 능력이 있는 공명 공동체를 만들어낸다"라고 말합니다. 외로움과 고립의 위험에서 멀어지기 위해 리추얼을 적극 활용하면 어떨까요? 이제는 이불 안에만 있으면 더 위험합니다.

결국 관계 속에서 나를 발견한다

　최근 감기 몸살에 걸려 운동을 할 수 없었습니다. 주변에 조언을 구하니 지금 운동하면 면역력이 떨어질 수 있어 안 하는 게 낫다고 하더군요. 2주 넘게 운동하지 못하니 답답했습니다. 저는 헬스도 좋아하고, 산책하거나 가벼운 달리기도 즐기는 편입니다. 무엇보다 배드민턴을 하지 못하는 게 가장 아쉬웠습니다. 레슨 때 새로운 동작을 배우며 재미를 느낀다거나, 게임에서 점수를 내는 짜릿한 순간이 있습니다. 제일 그리웠던 것은 게임 시작 전 서로 예를 갖추어 인사를 나누고, 게임

중간에 동료와 함께 격려와 응원의 의미로 라켓을 맞닿는 소통의 순간이었습니다. 간식 나눠 먹기도 큰 즐거움이었지요. 제가 얼마나 그 시간을 좋아했는지 다시 깨달았습니다.

하버드 성인 발달 연구*Harvard Study of Adult Development*는 80년 넘게 인간의 행복을 추적해왔는데, 결론은 놀랍도록 단순합니다. 바로 "우리 삶의 질은 관계의 질로 결정된다"는 것이죠. 좋은 관계를 맺는 사람일수록 더 행복하고 더 건강합니다. 이 연구의 공동 책임자 로버트 월딩어*Robert Waldinger*는 "관계는 행복의 원천이면서 개인의 정체성을 다지는 기반"이라고 말했습니다. 다시 말해 관계는 삶을 풍요롭게 하는 선택이 아니라 '나라는 사람을 완성하는 핵심 요소'라는 뜻이지요. 세계보건기구는 외로움 퇴치 모범 사례로 스웨덴을 소개했습니다. 스웨덴은 모든 아동과 청소년에게 단체 여가활동에만 사용할 수 있는 선불카드를 지급할 계획이며, 공립학교에서는 휴대전화 사용을 전면 금지할 방침이라고 합니다. 이는 휴대전화를 금지하면 대면 교류가 늘어나고 사이버 괴롭힘을 줄이는 데 효과가 있다는 연구 결과에 따른 것입니다.

우리는 관계 속에서 상처받기도 하지만 회복 또한 결국 사람을 통해 이루어집니다. 그렇다고 무조건 많은 사람과 연결되라는 의미는 아니고 소수의 깊은 관계가 더 좋은 경우도 많습니다. 하루에 100명에 둘러싸여도 진짜 나를 발견하기가 어려울 수 있고 오직 단 한 사람 앞에서 나다운 모습을 드러낼 수도 있기 때문입니다. 진짜 필요한 것은 관계의 양이 아닌 질입니다. 리추얼을 설계할 때도 이 원리를 적용하면 좋겠습니다. 혼자만의 리추얼과 함께하는 리추얼이 공존할 때 우리는 행복하고 단단한 나를 만나게 됩니다.

하루 10분의 반복이
인생을 바꾼다

쓰레기 집에서 사는 사람들

쓰레기장에서 사는 사람들에 관한 뉴스를 종종 듣게 됩니다. 진짜 쓰레기장에서 사는 건 아니고 이른바 '쓰레기 집' 현상입니다. 집 안에 쓰레기가 산처럼 쌓여서 발 디딜 틈 없이 되어버린 것이지요. 주로 우울증이나 강박증, 무기력증을 앓고 있는 20대, 30대가 겪는다고 합니다. 보통 사람들은 어떻게 저 지경까지 쓰레기를 두고 살 수가 있나 이해가 잘 안 될 것입니다. 싱크대에는 배달용기가 여럿 있고, 뜯었는지도 모를 택배 상자와 걸어 놓지 않은 옷더미 등 많은 물건이 바닥에 쌓여 있습니다. 흡사 이삿짐을 꾸리기 위해 서랍 안에 있는 물건들을 다 꺼낸 것처럼 보이고 빈 물병, 먼지 덩어리 등 생활쓰레기가 이리저리 뒤섞여 있는 거죠. 거기에서 사는 사람은 어떨까요? 두 부류가 있다고 합니다. 어떤 사람은 아무런 티가 나지 않습니다. 자기 몸은 잘 단장하고 나와서 사회생활도 잘합니다. 하지만 어떤 사람은 침대 안에 갇혀서 집 밖으로 나오지 않습니다. 정말 심각한 경우에는 사망한 상태로 발견되기도 하여 전문 업체가 수습을 한 후에 망자의 물건을 정리하게 됩니다.

 쓰레기 집까지는 아니지만 비슷한 경험을 저도 했습니다. 한창 새로운 업무로 바빴던 시기였습니다. 1인 가구는 본인이 하지 않으면 아무것도 진행되지 않습니다. 청소며 빨래, 요리 등 혼자만을 위해 매일매일 할 일도 많지요. 하지만 퇴근하고 나면 손 하나 까딱하기 힘들 만큼 방전된 상태로 돌아오기 때문에 어찌 할 도리가 없었습니다. 쓰레기를 골라내는 것도 의사결정인데 그조차 에너지가 소모되니 하고 싶지 않았지요. 일단 배는 고프니까 빨리 먹을 수 있는 인스턴트 아니면 배달 음식을 먹고, 설거지는 생각조차 나지 않죠. 출근을 위해 옷은 갈아입어야 하니까 귀찮아도 세탁기는 돌리지만 구석에 옷더미 산이 있었습니다. 침대에는 아침에 빠져나온 모양 그대로 이불 동굴이 생겼습니다.

그런 더러운 꼴을 보고 있자니 이게 사람 사는 게 맞나 싶기도 하고 내가 이런 사람이었나 하는 생각이 들어 자괴감이 밀려왔습니다. 그러나 그 많은 것을 치우려니 정말 엄두가 나지 않았습니다. 쌓이고 쌓이니 어디서부터 시작해야 할지 몰랐습니다. 청소업체의 손을 빌릴 수도 있지만 누군가에게 이런 상태를 보여주기도 싫었고 본질적인 문제가 해결되는 것도 아니기에 내키지 않았습니다.

용기를 내어 한 발자국 나아가다

그러다 한 번씩 큰마음 먹고 대청소를 했습니다. 그날은 하루 종일 청소하는 날입니다. 주말이라 간절히 쉬고 싶었으나 도저히 안 되겠다 싶었지요. 치우는 것도 이것저것 결정할 게 많아서 싱크대며 화장실, 옷 정리 등 다 하고 나면 힘듭니다. 그래도 하고 나면 정말 상쾌했습니다. 집 안이 환하게 빛나는 느낌에 공기마저 향기롭고 기분이 날아갈 것만 같았지요. 하루 이틀, 길면 나흘 정도까지는 그 깨끗한 상태가 유지됩니다. 그러다가 도둑 든 집처럼 또 어질러집니다. 일부러 어지르는 게 아니라 쉬기에 바빴으니까요. 그렇게 또 생각했습니다. '아, 집안일 정말 해도 해도 다시 이렇게 되는구나. 그냥 대충 살아야지.' 말 그대로 자포자기의 심정이랄까요.

그렇지만 집에 돌아와도 쉬는 게 진짜 쉬는 게 아니었습니다. 나를 진정 휴식하게 하는 시간이 아니라 찜찜함의 연속이었습니다. 급기야는 사회생활에서도 영향을 받게 되었습니다. 아침부터 기분이 별로 안 좋았고 집에 들어올 때도 심난했죠. 기분의 기본값이 내려가버렸습니다. 일할 때 괜히 자신감이 떨어지고 안 그래도 부족한 에너지를 좀먹는 악순환이 시작되었습니다. '아, 이렇게 살면 안 되겠는데. 아무리 피곤하고 바빠도 내가 좀 달라질 필요가 있겠다.' 어느 날 그런 생각을 했습니다.

저는 전환점이 필요할 때 책에서 해결책을 구하는 편입니다. 몇 권을 골라 읽었고 그중 가장 도움이 되었던 책은 도미니크 로로*Dominique Loreau*의 『심플하게 산다*Art de la simplicité*』였습니다. 아이디어를 얻어 필요 없는 것들을 처분하는 대청소를 했고 관련 영상도 찾아보았습니다. 공통적인 이야기는 아침에 침대 정리를 꼭 하라는 것이었습니다. 솔직히 코웃음이 나왔습니다. '침대 정리를 하면 자존감이 오른다고? 그게 무슨 상관이지? 흠, 그런데 호텔 방에 들어갔을 때 잘 정돈된 침구를 보면 바로 기분 좋아지긴 해. 그래, 밑져야 본전이니 한번 해보자.' 그렇게 자신과 약속했습니다. '매일 아침 아주 잠깐이라도 청소하자. 일단 침대 정리를 하고 나서 어제 먹은 설거지가 밀려 있다면 그걸 하고 옷더미가 있다면 정리하자. 그런데 딱 5분이야. 5분 넘어가면 바로 손 놓고 출근 준비하는 거다.' 그렇게 작지만 한 발자국 나아가보기로 했습니다.

하루 1,440분 중에 가장 중요한 10분

저의 아침 리추얼을 소개합니다. 먼저 커튼을 걷고 창문을 엽니다. 신선한 공기를 느끼며 눈부신 햇살도 눈썹을 찡그리면서 한번 보고 하늘빛이 어떤지 확인합니다. 벌써 바삐 걷는 사람도 보입니다. 이제 이를 닦고 따뜻한 물 한 잔을 마시며 그 물이 뱃속을 쪼록 내려가는 것을 느낍니다. 따뜻하고 꽤 기분이 좋습니다. 다음은 침대 정리입니다. 이불을 다 개어놓고 벽 쪽에 베개와 함께 쌓아 놓습니다. 그런 후 누워서 스트레칭을 하고, 앉아서 목과 어깨도 돌려주면서 몸이 시원하게 풀리는 느낌을 즐깁니다. 그리고 간단히 청소를 시작합니다. 하루만 지나도 생각보다 먼지가 많이 쌓입니다. 물건도 정리하고 이제 거울을 보면서 마사지 볼로 목과 머리를 살짝 풀어줍니다. 일어나서 여기까지 하는 데에 10~15분 정도 걸립니다. 저는 아침 리추얼을 시작할 때 스마트워치의 '유연성 운동'을 켜고 합니다. 매일 하고 있다는 연속성의 느낌과 무언가를 꾸준히 하고 있다는 성취감이 있어 도움이 됩니다.

 매일 아침을 이렇게 시작하고 나서 제가 많이 바뀌었다는 걸 느낍니다. 일단 눈을 뜬 아침부터 내가 나의 생활을 지휘하고 결정하는 그 느낌이 참 좋습니다. 이제는 여기에 슬로우 조깅까지 추가되었습니다. 조깅과 출근 준비를 마치고 집 밖을 나설 때는 콧노래가 나오고 오늘 일과 중 무슨 일이 생기더라도 내가 다룰 수 있다는 믿음이 듭니다. 이런 기분과 태도는 일상 전반으로 퍼져서 일을 할 때도 좀 더 여유를 가지게 되었습니다. 예전 같으면 짜증 났을 상황에도 이제는 그렇지 않습니다. 퇴근하면 나를 맞이하는 깔끔한 집 덕분에 집안일을 많이 하지 않아도 되기에 절약된 에너지로 나를 위한 다른 일을 할 수가 있습니다. 물론 변수가 생겨 어지를 때도 있지만 오래가지 않습니다.

 고작 10분일 뿐인 이 시간이 이렇게 일상을 바꿀 수 있을지 몰랐습니다. 매일 이 10분이 없다면 제 일상이 어떻게 될지 이제는 상상조차 할 수 없게 되었습니다. 내 일상을, 나아가 내 인생을 바꿀 수 있는 사람은 오직 나밖에 없습니다. 당신의 하루 1,440분 중에 가장 중요한 10분을 꼽으라면 어떤 10분을 떠올릴 건가요?

예측 불가능한 세상에서
나를 지키는 법

미래를 알고 싶어하는 인간의 본능

한 치 앞도 모르는 인생사를 고사성어로 '새옹지마塞翁之馬'라
고 합니다. 행복과 불행은 예측하기 어려우니 매사에 일희일
비—喜—悲하지 말라는 의미를 담고 있지요. 하지만 가만히 손
놓고만 있을 인간이 아니지요. 미래를 조금이라도 대비하기
위한 노력은 아주 오래전부터 있어 왔습니다. 농업시대에는
비가 언제 얼마나 내리는지가 한 나라의 한 해 살림과 민심을

좌우할 만큼 중요했습니다. 거기에 해와 달이 뜨고 지는 시각도 알기 위해 경주 첨성대와 같은 천문대를 세워 천체의 움직임을 관측하고 계산해 농사의 시기를 정했습니다. 또한 이를 통해 나라의 길흉을 점치기도 했습니다. 서양 문화권에서 점성술의 역사는 기원전 1800년경 바빌로니아에서 시작되어 현대까지 이어졌습니다. 재미있는 점은 시작은 국가 운명을 점치는 것이었는데 이후에는 개인 운세로 전환되었다는 것입니다. 동양 문화권에서는 주역을 빼놓을 수 없지요. 중국 주나라 때 은나라의 거북점을 바탕으로 점치는 관리들이 자신들의 역사적 경험, 생활상의 경험 등을 64편의 이야기로 엮어 미래를 예측하는 용도로 편집한 점책이 바로 주역이라고 합니다.

이렇듯 오래전부터 한 나라를 통치하는 왕들도 점을 치는 사람들을 곁에 두고 미래를 봐달라고 했습니다. 어찌 보면 나라의 운명을 점성술사의 입에 맡긴 거지요. 현재 우리나라만 보아도 도심지를 조금만 걷다 보면 사주팔자, 궁합, 관상, 신점, 타로 등을 보는 곳이 종종 보입니다. 어떻게든 미래에 대한 힌트를 얻어 내가 할 수 있는 선에서 혹시 모를 일을 대비하고 안정감을 찾고 싶은 심리입니다. 설령 듣게 된 점괘들이 진짜로 미래를 맞추지는 못하더라도 불안한 마음을 진정시키는 데 도움이 된다면 그것은 그것대로 제 역할을 다한 것인지도 모릅니다. 사람에게 통제감을 느끼게 해서 비록 착각이더라도 불안을 줄여주는 효과를 주면 고마운 거죠.

인간은 예측이 어려운 상황에 놓이면 불안해집니다. 불안해지면 심박수가 올라가고 심해지면 머릿속이 새하얘집니다. 그렇게 되면 평소와는 다른 행동을 하게 되고 이상한 판단마저 합니다. 중요한 행사에서도 실수를 연발하게 되고 나중에야 '내가 정말 왜 그랬지? 제정신이 아니었어' 하는 반성과 후회, 자책을 하고 맙니다. 여러분도 혹시 그런 경험이 있나요?

편안함과 안정감을 주는 장치

20대 때의 일입니다. 일 년에 한 번 있는 중요한 시험을 타지에서 치르게 되었습니다. 아침 8시에는 시험장에 입실해야 해서 전날 미리 가기로 했지요. 그 지역에 살고 있는 친지도 있었으나 시험 장소와 거리가 멀었고 무엇보다 전날에는 혼자 있고 싶었습니다. 근처 호텔을 예약했고 밤이 되었는데 잠자리가 낯설고 편안하지 않으니 잠이 잘 오지 않더군요. 거기에 시험이 주는 압박 때문에 마음을 편하게 먹으려고 애써도 눈은 말똥거리고 자려고 할수록 잠이 달아났습니다. 새벽까지

잠을 설치고 나니 컨디션이 너무 안 좋았습니다. 결과도 좋지 않을 수밖에 없었지요.

일 년 후 그 시험을 다시 치를 때는 본가에서 가까운 장소에서 볼 수 있었습니다. 이번에는 집에서 잠도 푹 자고 엄마가 차려준 아침밥도 먹고 아빠가 데려다주시는 차 안에서 몸도 마음도 안정된 상태를 유지할 수 있었습니다. 컨디션이 좋으니 비교적 편안한 마음으로 시험에 임했습니다. 결과는 어땠을까요? 일 년 더 준비하기도 했지만 수백 명 중 10등 정도의 아주 좋은 성적을 얻었습니다. 여기서 저는 깨달았습니다. 나를 편안하게 만드는 상황이 좋은 결과를 얻는 데 어쩌면 가장 중요할 수 있다는 것을요.

그런데 현실적으로 우리를 평온하게 만드는 장소와 상황을 항상 찾아갈 수는 없는 노릇입니다. 그래서 우리는 본능적으로 안정된 느낌을 들게 하는 장치를 찾게 되죠. 내게 익숙한 어떤 사물과 함께 있는 것만으로도 편안한 상황이 연상되어 불안함이 가시게 됩니다. 감사하게도 우리에게는 오감이 있어 여러 방법으로 우리를 안정적인 느낌이 들게 할 수 있습니다. 예를 들면 아기가 외출한 엄마를 찾을 때는 어떻게 하면 달랠 수 있을까요? 좋은 해결책 중 하나는 아기에게 엄마 냄새가 나는 옷을 주는 것입니다. 아기는 엄마 냄새를 맡으며 마치 엄마와 함께 있는 것처럼 느끼게 됩니다. 이윽고 칭얼거리는 소리가 줄어들고 점차 마음의 안정을 찾아가는데요, 그래서 아기들에게는 애착 수건, 애착 잠옷, 애착 인형 등이 필요합니다. 불안한 감정을 성인도 스스로 다스리기 쉽지 않은데 아기는 더욱 그렇겠지요. 이렇듯 우리를 편안하게 만들 수 있는 장치가 인생을 살아가는 데에도 필요하지 않을까요? 그것은 리추얼의 다양한 형태로 나타날 수 있습니다.

끝까지 나를 지켜주는 리추얼

인간은 자신만의 방법을 찾아 안정을 찾고 자신감을 고취하려고 합니다. 예를 들면 많은 운동선수들이 경기를 시작하기 전에 자신만의 리추얼을 합니다. 늘 같은 색깔의 양말이나 속옷을 착용한다거나 특정 목걸이와 같은 장식품을 몸에 지니는 식입니다. 영화 〈F1: 더 무비〉를 보면 주인공 소니는 차 안에서 생활하며 자신의 흥미 충족을 위해 여기저기 옮겨 다니는 방랑자 성향의 인물인데 아버지와 함께 찍은 어릴 적 사진을 항상 가지고 다닙니다. 여러 번 클로즈업되는 걸로 보아 깊은 의미가 있는 사진이지요. 그러다가 짧게나마 팀에 들어가게 되는데 소니는 경기 전 대기실에서 항상 카드를 뽑아서 던지다가 경기복 주머니에 넣곤 합니다. 그러던 어느 날 경기 중 주머니에 카드가 없는 것을 알아차리곤 갑자기 불안해져서 사고 직전까지 갑니다. 그에게 카드는 행운을 보장하는 의미가 있었고 그것이 본인을 지켜준다고 생각해서 경기 전에 몸에 지니는 리추얼로 삼았던 것이죠.

과학의 힘을 빌리는 리추얼도 있습니다. 대체의학 분야 권위자인 미국 애리조나 대학의 앤드류 웨일*Andrew Weil* 박사는 더 많은 산소를 폐에 공급하는 '4-7-8 호흡법'을 적극 권장합니다. 이 호흡법은 4초간 배를 부풀리며 코로 숨을 들이마신 후 7초간 숨을 참고 멈춥니다. 그리고 8초간 배를 납작하게 하며 입으로 숨을 내뱉습니다. 이는 들숨보다 날숨을 길게 하여 부교감신경을 활성화하고 심박수를 낮추게 합니다. 또 교감신경이 안정되고 스트레스 반응도 감소해 몸과 마음이 편안해지면서 불면증 극복을 돕는 걸로 알려져 있습니다. 저도 478 호흡법을 알고 나서는 자기 전에 가장 많이 씁니다. 이 호흡을 하다 보면 몸이 이완되면서 수면 상태로 빠지기 쉽게 됩니다. 또는 업무 스트레스를 받거나 평온을 찾고 싶은 상황에 이 478 호흡법을 쓰면 심박수 안정과 함께 감정적 회복이 되는 느낌이라 종종 활용합니다. 숨을 쉬면서 나쁜 기운이 빠져나가고 새로운 복의 기운이 나에게 들어온다고 상상하면 금상첨화입니다.

이렇게 예측이 어려운 세상, 그리고 돌발적인 상황에서 나를 지켜줄 리추얼을 심어두면 어떤 상황에서도 떠밀려가거나 흔들리도록 두지 않고 나 스스로 단단하게 닻을 내리는 것처럼 묶어두는 힘이 생깁니다. 안정 상태를 유지하기 위한 나만의 무기를 갖추는 것이지요.

오늘을 버티게 하는
나만의 주문

하루를 단단하게 만드는 힘

'반복'과 '연결'에 이어 리추얼의 세 기둥 중 마지막은 바로 '의미 부여'입니다. 인간은 의미를 잃을 때 가장 큰 타격을 입고 무너집니다. 그런데 같은 고통이라도 그로 인해 어떤 사람은 쓰러지고, 어떤 사람은 꿋꿋합니다. 그 차이는 의지나 체력보다도 상황을 어떻게 해석하고 어떤 의미를 부여하느냐에 있습니다. 철학자 니체*Friedrich Wilhelm Nietzsche*는 "왜 살아야 하는지를 아는 사람은 그 어떤 상황도 견딜 수 있다"라고 말했습니다. 삶을 지탱하는 힘은 조건이 아닌 이유에 있습니다. 그래서 인간은 본능적으로 묻습니다. '이 일은 왜 나에게 일어났을까.'

 신라시대 원효대사가 의상대사와 함께 당나라로 가던 길에 동굴에서 잠을 자다가 목이 말라 옆에 있는 바가지의 물을 시원하게 마셨습니다. 아침에 눈을 떠 그것이 해골에 고인 썩은 물이었고, 이곳은 동굴이 아닌 무덤가라는 것을 알고 소스라치게 놀라지요. 원효대사는 물 자체가 변한 것이 아니라 자신의 마음이 변했기 때문임을 깨닫습니다. 진리는 마음 밖에 있는 것이 아니라 당나라에 갈 필요가 없다고 여겨 돌아오게 됩니다. 바로 '일체유심조一切唯心造'입니다. 모든 것은 오직 마음이 지어낸다는 말로, 현실을 부정하라는 뜻이 아니라 현실을 해석하는 주도권이 자신에게 있음을 일깨워줍니다. 의미가 바뀌는 순간 경험은 완전히 달라집니다.

 현대 심리학과 의학 연구도 이를 뒷받침합니다. 하버드 공중보건 연구에 따르면 삶의 목적의식이 높은 사람은 사망 위험과 우울 수준이 유의미하게 낮았습니다. 의미는 감정적 위안이 아니라 실제로 생존과 건강에 영향을 미치는 요소인 것입니다. 트라우마 연구에서도 고통 이후 성장한 이들은 사건을 제거하려 하기보다 그 경험에 새로운 의미를 부여했습니다. 이 통찰을 가장 극단적인 환경에서 증명한 사람이 바로『죽음의 수용소에서*Man's Search for Meaning*』의 저자 빅터 프랭클*Viktor Emil Frankl*입니다. 그는 아우슈비츠 수용소에서 인간에게 남은 마지막 자유는 '상황에 대한 태도를 선택하는 것'임을 목격했습니다. 수용소에서 살아남은 그는 인간의 근본 동기가 쾌락이나 성공이 아닌 의미라는 것을 깨닫고 '로고테라피*logotherapy*'를 주창하게 됩니다. 의미는 일을 통해, 사랑을 통해, 그리고 피할 수 없는 고통에 대한 태도를 통해 삶을 재조명합니다. 반복되는 하루에 의미를 고정하는 연습, 사소한 행동에 나만의 이유를 부여하는 행위로써 리추얼은 이 거대한 철학을 일상으로 가져옵니다. 의미 없는 반복은 소모가 되지만, 의미 있는 반복은 삶의 뼈대가 됩니다. 리추얼은 결국 이렇게 묻습니다. "오늘을 나는 어떤 의미로 살 것인가?"

흔들릴 때 중심을 잡아주는 리추얼

로마 황제 마르쿠스 아우렐리우스*Marcus Aurelius Antoninus*는『명상록』에 "The soul becomes dyed with the color of its thoughts"라는 말을 남겼습니다. 생각의 색이 영혼의 색을 결정한다는 뜻입니다. 매일 내가 반복해서 선택하는 문장이 나의 기질을 바꿀 수 있습니다. 아침에 출근할 때마다 속으로 되뇌는 여덟 개의 문장이 있습니다. 걸어가며 이를 중얼거리다 보면 하루를 아주 기분 좋게 시작할 수 있습니다. 저에게는 마법의 주문처럼 작용해서 많은 사람들에게 공유하고 싶은 문장입니다. 『렛뎀 이론*The Let Them Theory*』의 저자 멜 로빈스*Mel Robbins*가 자신의 유튜브 채널에서 제안했으며 다음과 같습니다.

1. Today is going to be a great day. 오늘은 좋은 날이 될 것입니다.

2. Something cool is going to happen for me today. 오늘 나에게 멋진 일이 일어날 것입니다.

3. No matter what happens today, I can handle it. 오늘 어떤 일이 일어나더라도 나는 다룰 수 있습니다.

4. An exciting new chapter in my life is starting today. 오늘 내 인생의 흥미진진하고 새로운 장이 시작됩니다.

5. I need to give myself more credit for how hard I'm

trying. 내가 얼마나 열심히 노력하고 있는지에 대해 난 내 자신을 더 인정해야 합니다.

6. I'm allowed to be a work in progress. 나는 멋진 작품이 되어가는 중입니다.

7. If I keep showing up, life will reward me. 내가 계속해서 나아가면, 삶도 나에게 보답할 것입니다.

8. I have an important contribution to make to the world. 나에게는 세상에 중요한 기여를 해야 할 일이 있습니다.

요즈음 MZ세대뿐만 아니라 전 세대에서 매일 확언, 오늘의 문장 카드 등이 유행한다고 합니다. 단순한 감성 놀이가 아니라 불확실한 시대일수록 확실한 문장이 필요하다는 집단적 반응입니다. 심리학적으로 문장은 뇌가 붙잡을 수 있는 버팀목을 제공해줍니다. 현대인의 혼란은 중심의 부재에서 오는 경우가 많아서 이렇게 짧고 명확한 문장 하나가 중심을 유지하는 작은 리추얼이 될 수 있습니다.

나를 지켜주는 문장 하나

저는 여러 장르의 영화를 좋아하는데 그중 SF가 참 좋습니다. 근래 제가 가장 몰입하고 있는 영화가 있습니다. 바로 〈듄〉 시리즈입니다. 〈듄〉의 주인공 폴이 작은 비행기에 약해진 어머니를 태우고 추격하는 적들을 피해 날아가다 거대한 모래폭풍을 만나고 말죠. 진퇴양난입니다. 뒤에는 적기들이 포진해 있고 앞에서는 모래폭풍이 잔혹하게 감싸옵니다. 갖은 애를 써봐도 자연의 힘 앞에서는 어쩔 방도가 없지요. 그 순간 폴의 어머니가 기도문을 외우기 시작합니다. 폴도 어릴 적부터 익혀와 고통의 순간마다 떠올리던 기도문이었습니다. 그것을 실마리 삼아 죽음 앞까지 몰고 간 위기를 벗어나게 됩니다. 이 기도문이 〈듄〉 시리즈 중 손에 꼽는 명대사라고 생각합니다.

Fear is the mind-killer. 두려움은 정신을 죽인다.

Fear is the little death that brings obliteration. 두려움은 완전한 소멸을 초래하는 작은 죽음이다.

And I'll face my fear and I'll permit it to pass over me and through me. 나는 두려움에 맞설 것이며, 두려움이 나를 통과해서 지나가도록 허락할 것이다.

And when it has gone past, I will turn the inner eye and see its path. 두려움이 지나가면 나는 마음의 눈으로 그것이 지나간 길을 살펴보리라.

And where the fear has gone, there will be nothing. 두려움이 사라진 곳에는 아무것도 없을 것이다.

Only I will remain. 오직 나만이 남아 있으리라.

혹시 여러분도 마음속에 담아둔 나만의 주문이 있나요? 한 줄짜리 좌우명도 좋습니다. 짧은 구절 하나가 정서적 방패 역할을 합니다. 이렇게 리추얼은 반복적으로 일상에서, 또는 결정적인 순간에 나를 보호하는 장치라고 볼 수 있습니다. 혼자 할 수도 있고, 폴처럼 어머니와 함께 할 수도 있지요. 소중한 사람들과 더 끈끈하게 만들어주기도 하고 나의 마음 구조 자체를 다시 설계하기도 합니다. 무엇보다 리추얼은 인간의 본능 그 자체입니다. 이제부터 나를 더 행복하게 해줄 나만의 리추얼을 만들어보는 공방의 문을 열어보겠습니다. 사실 이미 우리의 일상 안에 많은 리추얼이 녹아 있습니다. 확인하러 가볼까요!

흔들리지 않는 나를 만드는 마음의 루틴

시작은 작게,
그러나 꾸준하게

앞 장을 읽고 '리추얼이라는 것이 삶에 꽤 도움이 되는 거구나', '나도 모르게 하고 있는 리추얼이 있으려나?', '아직 잘 모르겠지만 뭔가 궁금하고 시도해보고 싶다' 하고 생각하는 분이 있다면, 축하합니다. 리추얼을 갖는다는 건 더 행복한 삶을 살 수 있는 강력한 아이템을 갖추는 것과 같습니다. 게다가 한번 자리 잡으면 여간해서는 사라지지 않지요. '리추얼*ritual*'

은 우리말로 직역하면 종교적·공동체적 성격을 띠고 있는 의례나 의식을 뜻합니다. 근래에는 자기계발 도서에서 이를 개인 단위로 의미를 좁혀 가공하여 사용하고 있습니다.

제가 생각하는 '리추얼'이란 내가 의미를 부여하여, 그리고 반복적으로 규칙 있게 함으로써 나의 중심을 잡고, 단절 아닌 연결을 느끼게 하는, 자기 돌봄 의식입니다. 현대인은 정보 과다로 인해 중심을 잡고 집중하기 어려울 수밖에 없는 구조에서 살고 있습니다. 기술의 발달로 우리는 그 어느 때보다 신속히 연결될 수 있으면서 동시에 가장 외로운 시기를 겪고 있습니다. 인간의 본성은 무리에 속할 때, 누군가와 연결되었다고 느낄 때 더 행복합니다. 군중 속의 고독이라는 말이 있지요. 지금은 군중 아닌 가족 안에서도 고독하고 외로운 사람이 많습니다. 심지어 자기 자신과도 끈끈하게 연결되지 않은 사람이 넘쳐납니다. 이 시대를 살아가는 우리에게는 좀 더 행복한 삶을 위해 리추얼이 꼭 필요합니다.

익히 알려진 루틴과는 반복이라는 면에서 비슷하나 조금 차이가 있습니다. 루틴은 '특정 작업을 실행하기 위한 일련의 명령'이라는 게 사전적 의미입니다. 규칙적으로 하는 일의 통상적 순서와 방법을 뜻하며 (지루한 일상의) 틀, (판에 박힌) 습관이나 절차의 느낌이 있습니다. 따라서 쉽게 지루해지고 목적에

의해 금방 다른 루틴으로 대체하려는 속성이 강합니다. 반면 리추얼에는 관계성이 존재합니다. 리추얼은 나와의 연결을 통해 나를 단단하게 하며 나뿐만 아니라 세상(타인, 공동체, 자연, 초월적인 존재)과의 연결로써 고립과 단절에서 벗어나게 합니다. 또, 효율을 추구하는 루틴에 비해 리추얼은 의미를 추구하며 비합리적일 때도 많습니다. 따라서 루틴은 목적 달성에 보상이 있지만 리추얼은 과정 그 자체로 기쁨이 됩니다. 이번 장에서는 나와의 연결을 위한 리추얼에 대해서 다루어 보겠습니다.

거대한 변화는 1㎝의 움직임에서 시작된다

자기 자신과 연결된다는 느낌이란 무엇일까요? 나의 중심을 잡는다는 것은 어떤 상태를 의미할까요? 이것은 사람마다 다릅니다. 어떤 사람은 다른 사람의 말이나 행동에 크게 구애받지 않고 내가 뜻하는 바를 밀고 나아가기를 원합니다. 누군가는 내가 진짜 원하는 것, 내가 정말 하고 싶은 것은 무엇인지 진실로 나의 마음을 알고 싶을 것입니다. 남의 말에 쉽게 넘어가거나 주눅 들지 않고 우직하게 나의 뜻을 보존하고 싶은 사람도 있습니다. 또는 불안과 무기력에서 벗어나서 진정한 나의 생활로 돌아오고 싶은 사람도 있을 것입니다.

이 모든 것들을 위하여 나만의 리추얼을 만들어서 실천하는 것은 절대 거창하고 어려운 일이 아닙니다. 누가 좋다고 해서, 또는 훌륭하고 유명한 사람이 추천한다고 해서 무조건 똑같이 따라 할 필요도 없습니다. 일단 하고 나서 나와 맞지 않는다고 생각하면 얼마든지 다르게 시도해보면 됩니다. 나를 진정으로 안정된 느낌이 들게 하고, 내게 정말로 효과가 있고 나와 결이 맞는 리추얼이 무엇인지 찾아가는 주체적인 나 탐구 과정이라고 생각하면 됩니다. 매우 즐겁고 의미 있는 시간이 될 것입니다.

시작은 티끌처럼 작아도 좋습니다. 깃털처럼 가벼운 것이라도 좋습니다. 만약 처음에 입어본 옷이 맞지 않는다면 계속해서 나에게 제격인 옷을 찾아보는 시도를 해보는 겁니다. 그러다 보면 언젠가는 나에게 꼭 맞는 맞춤 리추얼에 정착이 됩니다. 언제 하면 좋을지, 어디서 하면 좋을지, 누구와 하면 좋을지 조합은 무궁무진합니다.

『아주 작은 습관의 힘*Atomic Habits*』의 저자 제임스 클리어*James Clear*는 "1퍼센트의 변화가 쌓이면 삶은 완전히 달라진다"라고 말했습니다. 노자도 "천 리의 길도 한 걸음부터 시작된다"라고 했지요. 사소한 것부터 시작해보는 겁니다. MIT 연구팀은 '처음에 너무 큰 목표를 잡으면 실패할 확률이 절반'이라고 하면서 작은 단위로 쪼개는 것이 지속률을 50퍼센트 이상 높인다고 했습니다.

당신의 하루 중 리추얼을 시작하기 가장 좋은 시간은 언제인가요? 그 시간에 딱 5분이나 10분만 내 마음을 돌보고 자신과 연결될 수 있는 리추얼을 떠올려봅시다. 정말 부담 없이 시작해볼까요? 저의 이야기부터 해보겠습니다.

꾸준함의 힘은 언제나 느리게 드러난다

우리 동네엔 기다란 천변에 산책길과 자전거 도로가 잘 정비되어 있습니다. 따릉이 대여 장소도 가까이 있어 자전거 타기에 아주 적합한 동네입니다. 여러 지인이 저에게 강력하게 추천하여 실제로 따릉이를 처음 탔을 때 '왜 이제야 시작한 거지? 그동안 못 누린 시간이 아까워' 하고 자책할 정도였습니다. 한동안 새벽에 일어나 재미있게 타고 부리나케 출근하다 어느 순간 저와는 조금 맞지 않는다는 생각이 들더군요. 100명이 좋다고 해도 제가 아니면 아닌 거겠죠.

그래서 이번에는 달리기로 돌렸습니다. '런데이'라는 앱을 알게 되어 시작했는데요, 창피하지만 저는 30초만 달려도 숨이 가빠오는 사람이었습니다. 30분을 쉬지 않고 달릴 수 있게 해 준다기에 나도 러너 한번 되어보자는 마음으로 시작했습니다. 당시에 몰두할 무언가가 필요하기도 했고요. 초보 중의 초보를 위한 가장 쉬워 보이는 도전을 선택하고 저녁에 이어폰을 꽂고 달렸습니다. 달리기 관련 지식과 마음가짐, 건강한 음식, 운동 복장에 관한 정보를 듣다 보면 시간이 후딱 지나갔습니다. 1분 뛰고 2분 걷고, 1분 30초 뛰고 2분 걷고, 그러다 도저히 더 오래 뛸 수가 없으면 복습을 여러 번 했습니다. 같은 코스를 몇 번을 하더라도 그만두지는 않았습니다. 오히려 몇 개씩 찍히는 스탬프를 보고 '그래도 내게 근성이 남아 있었구나' 하고 뿌듯했지요.

그렇게 보통 8주면 끝나는 프로그램을 저는 반년을 훌쩍 넘겨서야 끝을 보았습니다. 남들이 얼마나 빨리 달리건, 얼마만에 끝내건 그건 중요하지 않았지요. 그저 '내가 작게나마 무언가를 포기하지 않고 꾸준히 하고 있다'라는 감각이 소중했습니다. 오랜 시간이 걸려 30분 달리기를 완성한 날, 이어폰에서 들려오는 '위대한 러너'라는 말에 눈물이 또르르 흘렀습니다. 실로 내가 나와 연결되어 있다는 느낌을 받은 순간이었습니다. 꾸준함은 느리게 드러날지 몰라도 무엇보다도 확실하게 보여주는 힘이 있다고 온몸으로 느꼈습니다. 한번 때리는 징보다 계속 떨어지는 낙숫물이 언젠가는 바위를 뚫을 수 있다는 것을 진심으로 믿게 되었습니다.

10분 리추얼 가이드

- ☐ 오늘 단 한 가지, 1분이면 되는 나를 위한 아주 작은 행동 실천하기
- ☐ 아침·낮·밤 중 내가 가장 편안해지는 시간 찾아 리추얼 시간으로 정하기
- ☐ 지금까지 꾸준히 해내어 성과를 만든 경험 하나 떠올리며 자기신뢰 회복하기

의식 있는 반복으로
나아가기

자동화된 습관에서 깨어나는 순간

   습관은 '익힐 습(習)'과 '버릇 관(慣)'이 합쳐진 말로, '익혀서 생긴 버릇'이라는 뜻을 가집니다. 즉, 오래 되풀이하여 행하는 것이 규칙처럼 된 일이지요. 습관에는 몇 가지 속성이 있는데 첫째, 사람은 물론이고 동물도 습관이란 게 생길 수 있습니다. 고양이가 사료를 먹고 난 다음에 간식을 먹는 게 습관이 될 수 있지요. 고양이는 주인이 그릇에 넉넉히 부어준 밥을 맛있게 비우고도 간식을 주지 않으면 줄 때까지 야옹거릴지도 모릅니다. 둘째, 좋은 습관과 나쁜 습관으로 구분됩니다. 많은 이들이 점심식사 후 달콤한 커피를 마시거나 담배를 피우는 등 식후 습관이 생기면 좀처럼 떨치기 어려워합니다. 식사 후 바로 양치하는 것은 아주 좋은 습관이라고 할 수 있지요. 셋째, 습관은 고정된 후에는 의식하지 않아도 자동으로 나타납니다. 예컨대 저는 주차하고 나서 차 문을 잠갔는지 가끔 생각나지 않을 때가 있습니다. 보통은 그냥 다시 잠그지만 한번은 제가 정말 했는지 궁금하더군요. 다시 가서 차 문손잡이를 당겨봤더니 잘 잠겨 있었습니다. 조금 허탈하면서도 '왜 기억이 전혀 안 나지?' 하는 물음이 생겼습니다.

리추얼은 다릅니다. 리추얼은 의미를 부여해서 의식적으로 하는 것이기 때문에 동물은 본능적으로 의례·의식(리추얼)의 숫자가 적고 그 수준도 낮을 수밖에 없습니다. 지능이 높은 동물일수록 그 의례와 의식이 더 풍부하고 사치스러워진다는 연구가 이를 뒷받침합니다. 또한 의미를 담아서 하기에 나쁜 리추얼은 존재하기가 힘듭니다. 어느 누가 자신 또는 공동체를 해하기 위한 리추얼을 규칙적·반복적으로 할까요. 심리학자 윌리엄 제임스*William James*는 "습관은 우리를 대신해 일을 해주지만, 우리는 그 자동성을 경계해야 한다"라고 말했습니다.

습관은 몸에 배어 있으나 때로는 지겹기까지 합니다. 하지만 의미를 부여하면서 의식적으로 반복한다면 행동의 정서적 만족도를 두세 배 증가시킨다는 UCLA 마음챙김 센터의 연구가 있습니다. 그러나 현실은 어떨까요? 많은 사람들이 하루의 40퍼센트 이상을 의식하지 않은 반복으로 채워 살아가고 있습니다. 리추얼은 할수록 재미와 감동이 살아 있지요. 우리는 영혼 없이 하는 습관에서 벗어나서 의식적인 반복으로 나아갈 필요성이 있습니다. 그때 리추얼이 시작됩니다.

의미를 입힌 반복은 삶을 다르게 만든다

간밤의 꿈 내용이 너무나도 생생한 나머지 괜히 기분이 나빠지거나, 갑자기 누군가 좋아졌다거나 하는 경험이 있나요? 꿈과 상상은 조금 다른 이야기입니다만, 뇌는 현실과 상상을 명확히 구분하지 못하고, 유사한 뇌 영역에서 처리된다는 연구 결과가 여럿 있습니다. 하버드대 스테판 코슬린*Stephen M. Kosslyn* 교수는 실제 시각 자극과 상상할 때 모두 시각피질이 활성화됨을 밝혔는데, 뇌가 상상할 때도 실제 시각 정보를 처리할 때와 같은 반응을 보인다는 것입니다. 또한 상상만으로 감정 변화, 신체 반응(심박수 증가, 침 분비 등)이 실제로 나타나는 사례도 보고되었습니다. 노란 레몬을 상상하면 침이 고이고, 공포 영화를 생각하면 소름이 돋는 현상이 대표적입니다. 아이가 부모에게 혼나는 것을 상상하면 심장이 두근대고 손에 땀이 납니다. 어려운 계약에 성공하는 것과 같은 긍정적인 상상은 자신감과 동기부여로 이어집니다. 스포츠와 치료 분야에서는 이렇게 오감 자극을 통해 상상을 실제처럼 경험하게 만들어 운동선수의 이미지 트레이닝과 재활 등에 활용하고 있습니다.

"우울은 수용성"이란 말이 있습니다. 힘든 하루를 보냈어도 샤워하는 동안 그날 우리에게 배어 있던 우울을 물에 녹여 씻어낼 수 있다는 표현입니다. 따뜻하게 샤워하면 긴장했던 몸이 사르르 풀리면서 마음도 말랑말랑해집니다. 사실 과학적 근거는 없지만 기억에 깊게 남아서 저는 리추얼로 적용해보았습니다. 샤워하면서 '지금 나의 안 좋은 감정은 물에 녹아 비누거품과 함께 씻겨 내려가고 있다'라는 상상을 합니다. 과학과 거리가 있을지는 몰라도 정신건강에는 효과가 있더군요. 그 의식적인 샤워 후에는 깨끗해진 몸처럼 마음도 뽀송해져 있었습니다. 여러분도 '우울 녹이기' 리추얼을 해보면 어떨까요? 좋아하는 향기의 비누를 준비하면 효과가 두 배가 됩니다. 뽀글뽀글 거품을 내어 샤워타올로 온몸을 닦아준 뒤 따뜻한 물로 우울, 불안, 긴장, 슬픔, 스트레스를 녹여내린다고 상상하는 거죠. 바닥으로 내려가는 물과 비누거품을 보며 '오늘의 부정적인 감정들~ 다 녹아버렸네~ 잘 가라~' 하며 보내주는 거예요. 뇌는 현실과 상상을 구분하지 않기에 그렇게 하는 것만으로도 기분 전환에 큰 도움이 될 것입니다. 그리고 푹 잔 뒤 평온한 마음으로 새로운 하루를 시작하는 거죠. 이렇게 의미를 입힌 반복이 조금씩 스며들면 우리를 그리고 우리의 삶을 다르게 해줄 것입니다.

행동에 마음을 얹는 순간

  뉴욕 월스트리트 한복판, 숫자와 데이터가 지배하는 금융의 심장부에 돌진하는 황소 동상이 서 있습니다. 이 황소상의 뿔을 만지면 행운이 오고, 급소를 만지면 부자가 된다는 속설 때문인지 반질반질 빛이 나죠. 많은 여행자가 황소와 함께 기념사진을 남기기 위해 이곳을 방문합니다. 흥미로운 건, 이 행동이 어디에도 공식적으로 적혀 있지 않고 작가가 의도한 상징도 아니었지요. 의미는 꼭 합리적인 이유로 태어나지 않습니다. 누군가 먼저 만졌고, 그 반복이 이야기로 변해 믿음 섞인 행동으로 전해집니다.

로마에서도 비슷한 장면을 볼 수 있습니다. 트레비 분수 앞에 선 사람들이 뒤돌아 동전을 던집니다. 현재의 분수 모습은 18세기에 완공되었으나 이 전통은 고대 로마 시대부터 물의 신에게 행운을 빌며 공물을 바치던 풍습에서 유래된 것으로 알려졌습니다. 동전 하나는 로마 재방문, 둘은 연인과의 사랑, 셋은 소원 성취의 의미로 이 행위는 시간을 거쳐 소원이라는 이름을 얻었지요. 아일랜드의 '블라니 스톤*Blarney stone*'도 마찬가지입니다. 사람들은 성 꼭대기까지 올라가 난간 가장자리에 누워 몸을 뒤로 젖혀 돌에 입을 맞춥니다. 말솜씨가 좋아진다는 믿음 때문입니다. 18세기 후반부터 시작된 이 전통은 세계적인 정치가, 문학가, 영화감독을 포함하여 수백만 명이 행했다고 합니다. 현재 안전장치가 있지만 여전히 고소공포증을 유발할 수 있고 관리자의 도움 없이는 할 수 없습니다. 위험하고 번거로운 이 의식은 오히려 그 불편함 덕분에 더 강한 의미를 갖게 됩니다. 쉽지 않을수록 우리는 그 행동을 더 진지하게 믿게 되지요.

이런 장면들은 우리와 먼 이야기 같지만 실은 아주 익숙합니다. 우리도 시험을 앞두고 엿이나 찹쌀떡을 먹고 미역국을 피하며, 아이를 기다리는 마음으로 산에 오르고 정화수를 놓고 기도해왔습니다. 이 모든 행위는 결과를 보장하지는 않습니다. 하지만 행동에 마음을 얹고 의미를 만드는 것은 불확실한 세상에서 우리가 선택한 가장 인간적인 태도라고 할 수 있습니다. 마음챙김 기반 스트레스 감소 프로그램의 창시자인 존 카밧진*Jon Kabat* 교수는 "어떤 행동이든 마음을 기울이면 수행이 된다"라고 조언했습니다. 아무 행동이나 반복한다고 리추얼이 되는 건 아니고 반복에 '내가 왜 이것을 하는지'가 붙는 순간, 행동이 삶을 재구성하게 되는 거죠. 습관적으로 내가 하고 있던 행동, 리추얼로 업그레이드 해볼까요?

10분 리추얼 가이드

- ☐ 샤워하며 오늘의 감정과 긴장을 물과 함께 흘려보내기
- ☐ 이미 하고 있는 습관 하나에 의미를 더해 나만의 리추얼로 업그레이드하기
- ☐ 하루 한 번 스스로에게 따뜻한 말 건네며 나를 다정하게 대하기

하루에도 리듬이 있다
– 나만의 흐름을 찾는 법

에너지가 고조되는 순간을 포착하라

당신의 에너지가 가장 높을 때는 언제인가요? 저는 인간의 에너지가 신체적·이성적·감정적 이렇게 세 종류로 나누어진다고 생각합니다. 잠에서 막 깨어났을 때 몸에 힘이 잘 들어가지 않는 것은 아침에 신체 에너지가 낮은 것을 자연스레 보여줍니다. 이성적 에너지도 마찬가지여서 눈뜨자마자 머리를 쓰려면 평소처럼 빠르게 판단하기가 어렵습니다. 자다가 방금 일어난 사람에게 복잡한 계산식의 답을 물어보면 아무리 수리력이 뛰어나더라도 시간이 좀 걸립니다. 그럼 감정 에너지는 어떨까요? 저는 이 셋 중에 아침부터 높은 상태에 있을 수 있는 에너지는 바로 감정 에너지라고 생각합니다.

오늘이 기대하던 데이트가 있는 날이라고 상상해봅시다. 며칠 전부터 오늘 입을 옷, 일정, 식당과 음식 메뉴까지도 다 계획해두었습니다. 그 사람과 함께할 생각에 일어나자마자 입가에 미소가 번집니다. 눈뜨자마자 감정 에너지가 올라갑니다. 반면에 이직하고 싶었던 회사 면접 결과를 어제 받았는데 좋지 않다고 상상해보면 아침에 썩 기분이 좋지는 않겠지요. 어쨌든 오늘도 출근해야 하고, 힘들 게 빤히 보이는 미팅도 해야 합니다. 무엇보다 또 다른 회사를 알아봐야 하는 현실에 눈뜨자마자 감정 에너지가 내려갑니다. 우리의 에너지는 하루의 시작인 감정 에너지에 큰 영향을 받을 수밖에 없지만 매일매일을 내가 원하는 이벤트로 100퍼센트 채울 수는 없는 노릇입니다. 그렇다면 어떻게 해야 감정 에너지를 올릴 수 있을까요?

아침 명상 리추얼을 추천합니다. 정말 간단합니다. 눈은 감아도 되고 떠도 됩니다. 저는 감사한 마음으로 제가 머리에서 발까지 푸른 빛으로 채워지는 이미지를 그립니다. 이 푸른 빛은 몸 안에 있는 모든 나쁜 기운을 몰아내고 복된 기운을 가져다주는 고마운 빛입니다. 게임에서 아이템을 적용하면 생명 에너지가 차오르는 그 장면을 상상하면 됩니다. 손가락 끝에서 발가락 끝까지 이 생명의 푸른 빛을 채워봅니다. 상상 속 저의 표정은 참으로 안온합니다. 별것 아닌 거 같아도 하고 나면 새 생명처럼 기쁘고 행복한 기분이 듭니다. 1분 이하로도 할 수 있는 이 잠깐의 명상으로 감정 에너지를 올릴 수 있습니다. 그렇게 시작한 하루는 에너지의 흐름을 내가 가져온 상태로 출발할 수 있습니다.

회복과 몰입이 교차하는 리듬을 설계하라

점심을 먹고 난 후 졸리는 경험, 저만 겪은 일이 아니겠지요? 가만 보면 사람 사는 거 비슷하지요. 낮잠 문화가 있는 국가들이 있습니다. 스페인에는 전통적으로 '시에스타*Siesta*'가 있어 낮 12시에서 2시 사이에 상점과 관공서가 문을 닫고 모두가 낮잠을 자는 풍습이 있습니다. 베트남에도 덥고 습한 기후 특성상 점심 전후로 짧게 낮잠을 자는 문화가 자리 잡혀 있다고 합니다. 우리도 점심식사 후 허락받고 잘 수가 있다면 얼마나 좋겠냐마는 그런 문화가 아니지요. 여담이지만 먹고 바로 자면 소화기관에 별로 좋지는 않다고 합니다. 그럼에도 여전히 낮잠은 회복과 집중력 유지에 도움이 되어 환경과 문화에 따라서는 생존을 위한 현명한 방법입니다. 그러면 우리가 낮잠 말고 할 수 있는 것이 무엇이 있을까요?

　저는 점심식사 후에 동료와 짧게 산책하는 것을 좋아합니다. 일단 바깥 공기를 마시면서 잠시나마 자유로움을 만끽하고 싶더라고요. 하늘도 보고 나뭇잎 색깔 변화도 느껴보고요. 무엇보다 동료와의 수다가 최고입니다. 업무 특성을 이해하는 누군가에게 토로하고 싶었던 에피소드, 오늘 점심 메뉴와 연관된 유명한 식당 정보 등 이야기 소재는 무궁무진하지요. 그렇게 한 20분 신나게 대화하며 산책하고 나면 소화도 되고 기분도 훨씬 좋아집니다. 자리로 돌아오면 집중력이 높아져 업무 효율도 오릅니다.

　이와 관련된 '울트라디안 리듬*Ultradian Rhythms*'이라는 용어가 있는데, 인간의 뇌와 신체가 약 90분 단위로 집중력과 에너지가 상승·하강하는 생체 리듬을 의미합니다. MIT를 비롯한 여러 기관의 연구에 따르면 뇌는 약 75~90분 동안 집중한 뒤, 10~20분 정도의 짧은 휴식이 필요합니다. 이 주기를 반복하며 집중력과 창의력이 자연스럽게 오르내립니다. 학술지《하버드 비즈니스 리뷰》에서도 회복 리추얼을 가진 사람은 전보다 스트레스에 대한 회복 반응 속도가 2~3배 빨라진다는 연구 분석이 있습니다. 여러분도 점심식사 후 산책 리추얼 어떤가요? 혹시 산책할 여건이 되지 않는다면 자리에 앉아서 할 수 있는 스트레칭도 좋습니다. 또는 한 잔의 차나 커피도 좋습니다. 단, 의미가 깃들어야겠지요. 점심 후 소소한 리추얼을 하면서 회복하고 있다고 의식하면 신선한 느낌으로 일상과 업무에 다시 몰입할 수 있습니다.

나만의 황금 시간을 발견하는 기술

여기 놀이공원에 간 어린아이가 있습니다. 키가 작은 아이는 시야가 낮고 좁을 수밖에 없어 소리는 들리는데 잘 볼 수 없기에 답답합니다. 회전목마도 보고 싶고 아이스크림 가게는 있을까 궁금하지만 혼자 힘으로는 보기 쉽지 않지요. 이럴 때는 어떻게 해야 좋을까요? 아빠가 아이에게 "이리 온~ 영차!" 하고 목말 태웠습니다. 아빠의 어깨에 앉자마자 한눈에 놀이공원이 들어오기 시작합니다. 아까는 앞 사람들의 움직이는 바지밖에 안 보였는데 이제는 바이킹, 풍선 가게처럼 다른 것들도 보이기 시작하고 다음에 뭘 하고 싶은지 판단이 섭니다.

우리도 이렇게 아빠가 어깨에 앉혀주면 좋겠지만 이제는 다 커버렸지요. 그러나 방법이 있습니다. 무려 아빠 키를 넘어선 거인의 어깨에 올라탈 수 있습니다. 그 거인은 여럿이고 키도 다양한데 보여줄 수 있는 곳도 다 다릅니다. 게다가 감사하게도 언제든 태워줄 테니 말만 하라고 합니다. 도대체 그 거인들은 어디서 만날 수 있냐고요? 바로 책 안에 있습니다. 그 유명한 아이작 뉴턴*Newton, Sir Isaac*이 한 말이기도 하지요. "내가 멀리 볼 수 있었던 것은 거인의 어깨 위에 서 있었기 때문이다."

여러분은 하루에 조금이라도 책을 읽는 시간이 있나요? 저는 이동할 때나 자기 전에 단 몇 줄이라도 읽는 편입니다. 하루 단 10분이라도 거인의 어깨에 올라타는 리추얼을 하면 어떨까요. 놀이공원의 아이처럼 보이지 않던 바이킹도 확인할 수가 있고, 먹고 싶던 아이스크림을 어디서 파는지 알 수 있게 됩니다. 책을 매번 구매하는 것이 부담스럽다면 근처 도서관에 가서 빌리면 되지요. 스마트폰 같은 전자기기로 얼마든지 전자책을 볼 수도 있습니다. 목차나 삽화만 보아도 괜찮고 그림책도 좋습니다. 자신의 취향이 어떤지 느껴보고, 읽다가 재미를 못 느끼면 당장 덮고 다른 책으로 넘어가도 됩니다. 저는 여러 권의 책을 동시에 보는 병렬독서를 종종 합니다. 이 책 조금 읽고 저 책 조금 읽고 하는 식이지요. 그렇게 텍스트와 친해지며 독서 리추얼을 하루에 단 10분이라도 하게 된다면 그야말로 나만의 황금을 캐는 시간이 됩니다. 저도 무심코 골랐던 어떤 한 권의 책 덕분에 이 책을 쓸 마음을 먹게 되었답니다. 저의 시야와 관점, 세상 보는 눈을 바꿔준 고맙고도 대단한 거인이었지요. 여러분도 하루나 이틀, 일주일에 한 번은 거인의 어깨에 올라타보기를 강력하게 추천합니다.

10분 리추얼 가이드

☐ 기상 후 기분 좋은 일 떠올리며 감정 에너지 깨우기

☐ 점심식사 후 햇빛과 발걸음을 느끼며 10분 산책하기

☐ 잠들기 전 책 한 쪽 읽으며 하루의 흐름 고요하게 정리하기

가장 나다운 시간과 공간을
설계하라

시험공부 중인데 갑자기 책상을 치우고 싶고, 메일 확인을 하다가 나도 모르게 스팸메일을 삭제해본 경험이 있나요? 대학 다닐 때 기말고사 준비로 밤을 새우려고 마음먹은 적이 있었습니다. 그런데 책상 위에 어지러이 놓여 있는 물건들이 괜히 거슬리는 겁니다. 집중할 시간도 모자란데 널브러진 잡동사니를 보니 저것들을 치워야 공부가 제대로 되겠다 싶었습니다. 평소에 해야 할 정리를 왜 하필 지금 꼭 하고 싶은 건지. 사실 흔한 이야기라 친구들 모두 한 번씩은 경험이 있더군요. 재미있게도 이 심리가 자연스러운 것이고 과학적인 근거가 있는 것으로 밝혀졌습니다. 코넬 대학의 환경 단서 연구에 따르면 책상 위의 배열, 눈높이에 놓인 물건만으로도 사람의 행동·결정·감정이 달라진다고 합니다. 눈앞이 질서 정연해야 집중력도 올라가는 거죠. 책 한 권을 달달 외워야 하는 순간, 책상 정리는 본능에서 나온 일일지도 모릅니다.

분석심리학의 창시자인 카를 융*Carl Gustav Jung*은 "외부 환경은 내면세계를 반영한다"라고 말했습니다. 어떤 사람의 심리나 감정 상태를 보려면 그 사람의 방 상태를 보라는 말이 있지요. 내 공간을 깨끗하게 정리해두면 리추얼을 실천하기에도 수월해집니다. 잡념이 줄어들어 오롯이 나에게 집중할 수 있어 집은 나만의 리추얼 존이 되는 것입니다. 물론 어떤 사람들은 혼돈 속에 자신만의 질서를 구축하고 있기도 하지요. 누가 봐도 어지러우나 본인들의 확고한 기준 아래 분류를 해둔 것일 수도 있습니다. 그래서 모두에게 같은 잣대를 적용하기보다는 각각의 성향과 상황에 맞게 하면 됩니다.

MIT의 한 연구팀에서는 공간의 밝기, 냄새, 소리 등 감각 요소는 '행동 패턴을 자동으로 유도하는 트리거' 역할을 한다는 결론을 얻었다고 합니다. 예를 들어 특정 장소에 가면 꼭 거기서만 나는 향기가 있는데요, 대형서점인 교보문고를 떠올리면 쉽습니다. 서점 문 가까이에서부터 특유의 향기가 나면서 벌써 책이 쭉 진열된 광경이 떠오르고 이것저것 책을 펴볼 생각에 두근거리죠. 유명한 호텔들도 마찬가지입니다. 고유의 향수를 개발해서 사용하고 판매도 함으로써 그 향에 호텔 특유의 분위기를 싣는 것이지요. 이렇게 오감의 요소를 활용하여 나만의 리추얼 구역을 만들어보면 어떨까요?

시간에도 취향이 있다

근래 호주 여행을 다녀온 지인이 늦잠을 못 자서 힘들었다고 하더군요. 카페도 상점도 아침 6시면 연 곳이 많다고 합니다. 일찍 하루를 시작하는 거죠. 카페도 오후 3시면 닫고 회사들도 오후 5시에는 거의 다 끝난다고 합니다. 일찍 시작하는 만큼 저녁이 있는 삶을 즐기고 일찍 잠자리에 드는 거죠. 24시간 편의점에 야식 문화가 발달하고 야근도 많은 우리나라와는 사뭇 다릅니다.

다큐멘터리 영화 〈크레센도_Crescendo_〉는 2022년 반 클라이번

국제 피아노 콩쿠르 참여를 위해 세계 음악계의 유망주 30명이 미국 텍사스에 모이면서 시작합니다. 각 라운드를 거칠 때마다 누군가는 탈락할 수밖에 없기에 연주자들은 그간 갈고닦은 실력에 알파를 더해 최선의 준비를 다합니다. 그런데 대기실에서 만난 어떤 연주자가 슬쩍 봐도 피곤해 보입니다. 무작위로 정해진 연주 순서 때문에 평소보다 굉장히 일찍 일어난 거죠. 그는 아침에는 좋은 소리를 내기가 힘들다고 했습니다. 잠이 덜 깬 표정이라 평소 역량을 발휘할 수 있을지 걱정될 정도였죠. 다행히 그 라운드는 통과했으나 우리가 사회생활을 할 때 매번 자기에게 유리한 시간을 설정할 수는 없으니까요.

이렇듯 우리 각자 자신만의 시간이 있고 그 리듬과 어우러져야 리추얼도 효과적으로 지속할 수 있지요. 자신만의 리듬을 찾는 것이 중요합니다. 유명 강연가이자 베스트셀러 작가인 김미경 대표는 이렇게 말했습니다. "살다가 무섭고, 불안이 몰려올 때가 있다. 그럴 때 필요한 건 일찍 일어나는 습관이다. 새벽 4시 30분에 일어나 책 한 쪽이라도 보고, 운동이라도 하고, 나를 먼저 세우면 두려움은 줄어든다." 이에 감명을 받아 저도 해보았는데 정말이지 너무 피곤했습니다. 그래서 4시 반은 저의 리듬과 맞지 않다고 결론을 내렸습니다. 예전엔 밤늦게까지 친구들과 수다를 떨기도 했습니다만 지금의 저는 밤 10시에는 자려고 합니다. 8시간 정도 푹 자고 일어나면 그렇게 개운할 수가 없고, 하루의 에너지를 100부터 시작할 수 있습니다. 잠을 잘 자지 못하면 70부터 시작하는 거죠. 하지만 이것이 모두에게 적용될 수는 없습니다. 〈BBC Future〉는 개인의 황금시간대는 임의로 바꾸는 것이 아니라 발견하고 활용하는 것이 더 효과적이라고 분석했습니다. 그래서 자기만의 시간대를 찾아 휴식과 리프레시 리추얼을 적절히 활용하는 것이 중요합니다.

공간은 나를 닮고, 나는 공간을 닮는다

현대 자본주의 사회는 소비를 장려합니다. 일회용품은 물론이고 예쁜 쓰레기, 저가 의류 등 많은 것들이 소비되고 소모되기를 기다립니다. 그래야 또 다른 게 판매될 수 있거든요. 저는 정말 필요한 소비인지 몇 번 확인하고 무언가를 사곤 합니다. 새 물건을 좋아하긴 합니다만 오래된 물건을 더 좋아합니다. 오래된 물건은 사람에게 말을 겁니다. 역사를 가지고 함께 나이를 먹어가지요. 제가 좋아하는 무늬와 소재라 10년 넘게 아끼는 상의가 있는데 어느 날 지인이 주말에 쇼핑한 옷이

냐고 묻더라고요. 분신처럼 가지고 다니는 선글라스도 렌즈만 바꿔가면서 쓰고 있는데 선물 받은 추억도 서려 있고 제게 참 잘 어울리는 선글라스라 정말 오래 쓰고 싶습니다. 새로운 물건은 자극적이고 신선한 재미를 주지만 며칠 있으면 그 기분도 처음 같지는 않아서 원래 가지고 있던 물건과 다를 바 없어집니다. 물론 필요하다면 당연히 사야지요. 그러나 그냥 심심해서, 단순히 유행이라서 사는 그런 소비는 지양합니다. 저는 오래된 저의 물건을 사랑합니다. 차분하고 지속적인 안정감을 줍니다. 나만의 공간 안에서 질서를 부여하기에 내게 정말 필요하고 좋아하는 물건만 남겨두려 하는 편입니다.

작가 알랭 드 보통*Alain de Botton*은 "머무는 공간은 우리의 감정과 생각을 다시 설계한다"라고 말했습니다. 공간 자체가 좁을 수도 넓을 수도, 좋을 수도 나쁠 수도 있지만 일단 나에게 주어지고 나면 반응하는 것은 나의 몫입니다. 그렇기에 내가 머무르고 있는 동안에는 최대한 나를 위해 설계하는 것이 좋습니다. 내가 살고 있는 집도 누가 보느냐에 따라 평가와 반응이 달라질 테지만 내가 만족하면 되는 거 아닐까요. 나의 취향과 나의 입맛, 나의 리추얼에 맞추어 어울리면 그만입니다.

학술지 《싸이콜로지 투데이*Psychology Today*》에서는 사람이 공간을 설계하는 방식은 곧 '자기 정체성의 투영'이며, 꾸준히

유지하면 정체성 형성의 핵심 도구가 된다는 분석을 언급한 바 있습니다. 일본의 정리 전문가 곤도 마리에こんどうまりえ는 공간 정리법을 "정체성을 만드는 의식"이라고 설명하며, 물건과 공간이 자기다움을 강화한다고 강조하였습니다. 팝스타 비욘세Beyonce는 투어 중에도 '자신만의 리추얼 공간'을 만들기 위해 일정한 향기·조명·가구 배치 등을 고정해 퍼포먼스 퀄리티를 유지한다고 합니다. 이렇듯 사람이 공간을 만들고, 공간은 사람을 만들어갑니다.

10분 리추얼 가이드

- ☐ 빛·향기·소리·촉감·온도 등을 활용해 마음이 편안해지는 나만의 리추얼 존 만들기
- ☐ 하루 중 집중과 평온이 가장 잘 흐르는 나의 황금시간대 찾아보기
- ☐ 오래 곁에 두고 사용해온 물건 하나 발견하며 나의 시간과 기억 떠올리기

이름 붙이는 순간,
마음이 방향을 가진다

애니메이션 〈몬스터 주식회사*Monsters, Inc.*〉에서는 인간 아이들이 비명 지르는 소리로 에너지를 만드는 발전소가 있습니다. 거기서 일하던 몬스터 설리는 인간 세상에서 몬스터 주식회사로 우연히 들어오게 된 어린 여자아이를 만납니다. 설리는 천진난만한 아이와 놀아주다가 친한 친구인 몬스터 마이크를 만나게 되죠. 설리는 마이크에게 부*Boo*를 집으로 데려다주고 싶다고 말합니다. 그러자 마이크가 대답하죠. "뭐라고? 부라고? 이봐, 이름을 붙이면 정이 들어서 헤어지기 힘들다고." 그렇습니다. 누군가에게 별명이나 이름을 붙이는 순간, 그 사람은 우리에게 의미가 커져 버림을 누구나 알고 있습니다.

우리가 어떤 행동에 이름을 붙이면 그 행동은 하나의 몸짓에 머무르지 않고 그 행동 자체보다 훨씬 더 큰 영향을 우리에게 미치게 됩니다. 하버드 심리학 연구에서는 사람들은 행동과 감정에 '라벨(꼬리표, 표지)'이 붙는 순간 그 행동을 더 명확하게 인식하고 지속하려는 경향이 생긴다는 연구 결과(라벨링 이펙트 스터디*Labeling Effect Study*)가 있습니다. MIT 연구팀은 행동에 이름을 붙이는 행위가 의식적 전환을 만들어 행동이 정체성으로 확장된다는 분석을 하기도 했습니다. 〈뉴욕 타임즈〉는 단순한 습관도 이름을 부여하면 '행동에 의미가 생기고, 의도가 선명해진다'라는 기사를 내놓기도 했습니다.

내가 실천하는 리추얼에 이름을 붙여보면 어떨까요? 오프라 윈프리*Oprah Gail Winfrey*는 자신의 아침 루틴을 단순하게 '모닝 루틴'이 아니라 '소울 타임(영혼의 시간)'이라고 부르며 의미를 부여했습니다. 이렇게 되면 단순 루틴이 아닌 나와의 진정한 연결이 되는 리추얼로 완벽히 업그레이드가 됩니다. 또한 요가 지도자 아드리엔*Adriene Mishler*은 매일 하는 호흡과 요가 동작에 이름을 붙여 수백만 명이 따라 하는 개인 리추얼로 만들었습니다. 예를 들면 '두려움을 없애는 요가', '자신감 뿜뿜 요가', '나를 사랑하기 위한 명상 요가' 등입니다. 그저 동작만 하는 것보다 의미를 부여하며 이름을 붙인 요가는 나와의 연결이 더욱 깊어지는 리추얼이 됩니다.

의도를 기억하게 하는 장치

어떤 사람들은 이름을 바꿉니다. 인생이 바뀌기를 바라서입니다. 예전과 다른 내가 되어보겠다는 결심일지도 모르겠습니다. 오래전 한 친구가 개명을 했는데, 당시 가까운 사람 중에 개명한 경우가 처음이기도 해서 놀랐고, 새 이름으로 부르려니 괜히 내가 알고 있던 그 친구가 아닌 것 같은 어색한 느낌도 들었지요.

이름에는 뜻이 담겨 있습니다. 그래서 개명할 때는 자신이 원하는 정체성을 함축시켜서 두 글자로 만들고 심리적 전환을 꾀하지요. 개명 말고도 다른 이름을 가지는 방법이 없지는 않습니다. 우리의 조상들이 '호'를 만들어 사용한 것처럼 자신만의 '호'를 만들어보는 것은 어떨까요? 나의 '호'를 불러보며 만들어가고 싶은 정체성을 단단하게 하는 리추얼을 가져보는 것입니다. 호를 짓는 방법에는 여러 가지가 있습니다. 첫째, 좋아하는 자연의 속성을 생각해봅니다. 산과 들, 나무와 바위, 강과 바다, 달과 구름 등을 소재로 하기도 합니다. 대표적으로 다산 정약용은 강진 유배 시절 차나무가 무성한 만덕산으로부터 위로와 영감을 받아 지었다고 알려져 있습니다. 둘째, 내가 추구하는 이상, 마음, 의지 등을 나타내는 방법입니다. 벼슬에서 물러난 후 고향으로 돌아간 이황은 '물러나 시내 위에 머무르다'라는 뜻으로 '퇴계(물러날 퇴退, 시내 계溪)'를 호로 삼았습니다. 조정과는 거리를 두겠다는 의지를 담은 것이지요. 셋째, 호는 여러 개를 둘 수가 있습니다. 한명회의 경우 압구정, 압구, 사우당 등 여러 호를 썼는데요, 서울 강남의 압구정동이 그의 호에서 유래되었습니다. 넷째, 한글로도 쓸 수 있습니다. 대표적으로는 가람 이병기 선생이 있습니다. 가람은 순우리말로 강을 뜻하며 물줄기의 흐름, 생명력과 부드럽고 지속적인 이미지를 가지고 있지요.

저는 물의 유연함과 나무의 생명력을 좋아해서 이를 활용한 호를 지어보고 싶네요. 물론 저의 이름을 사랑하지만 동시에 새로운 이름으로 불리는 기분이 매우 궁금해서 시간을 정해 가족이나 친구들에게 '호'로 불러달라고 하면 어떨까 합니다.

여러분도 자신만의 '호' 만들어 불러보기 리추얼 어떠신가요?
꽤 재미있고 신선한 경험이 될 것입니다.

말로 붙드는 힘

언어는 사고를 재구성하고, 감정과 행동을 조율하는 중요한 도구입니다. 나의 의도를 내 언어로 잡아두는 순간, 나의 리추얼은 더 고유해지고, 나아가고자 하는 방향은 좀 더 또렷해집니다.

정리 전문가 곤도 마리에는 정리를 단순한 집안일이 아니라 'spark joy(설렘 찾기)'라는 이름을 붙여 넷플릭스 다큐멘터리로도 제작되는 등 전 세계적인 리추얼로 확장하였습니다. 세계적인 테니스 선수 세레나 윌리엄스*Serena Williams*는 경기 전 루틴을 'focus ritual(집중 리추얼)'이라고 명명해 매 순간 의도를 환기하고는 했다고 합니다. 『지금 이 순간을 살아라』로 유명한 작가 에크하르트 톨레*Eckhart Tolle*는 "의식적 명명은 지금 이 순간을 붙잡게 한다"라고 했습니다. 그래서 '설렘 찾기'처럼 나의 특정한 행동에 의미가 있는 이름을 붙이게 되면 그 행동을 하는 순간, 나를 보다 더 또렷하게 만들고 내가 원하는 방향이 조금 더 선명해집니다. 시카고 대학의 연구에 따르면 '행동에 이름을 붙인 그룹'은 동일한 행동을 반복할 확률이 2배 높았다는 실험 결과가 있습니다.

저는 자기 전에 이제 보약 먹는 시간이라고 생각하고 잠이 듭니다. 그러고 나면 일어날 때 저절로 "잘 먹었습니다. 감사합니다!" 말하게 되더라고요. 또 혼자 놀 때는 다이어리에 제 이름을 넣어서 'ㅇㅇ랑 노는 날' 이렇게 적기도 합니다. 혼자만의 약속은 어기기 쉽지만 'ㅇㅇ랑 약속' 이렇게 적어놓으면 지킬 확률이 훨씬 높아지거든요. 산책 갈 때는 걷기 운동을 한다고 생각하기보다는 '자연과 연결'되기 위해 나갑니다. 그러면 나무도 그냥 나무로 보이지 않습니다. 그저 감사하지요. 혹시 꾸준히 계속하고 싶은 좋은 리추얼이 있나요? 그렇다면 이렇게 나만의 언어로 이름을 붙여주면 의도가 강화될 뿐만 아니라 더 지속적으로 할 수 있습니다. 그 유명한 김춘수의 시 「꽃」에도 호명이라는 행위가 얼마나 의미가 큰지 드러납니다. 어떤 행동에 내 언어와 의미를 부여하는 순간, 힘이 생깁니다. 시 중 일부분을 발췌하겠습니다.

내가 그의 이름을 불러주기 전에는
그는 다만 하나의 몸짓에 지나지 않았다.

내가 그의 이름을 불러주었을 때,

그는 나에게로 와서 꽃이 되었다.

오늘 나만의 리추얼을 내게 다가온 꽃으로 만들면 좋겠습니다.

10분 리추얼 가이드

☐ 나의 아침을 상징하는 모닝 루틴에 따뜻한 이름 붙이기

☐ 나의 방향과 가치가 담긴 나만의 '호' 하나 만들어보기

☐ 내가 매일 반복하는 습관 하나 발견해 의미 있는 이름 붙이기

리추얼 하나로
하루의 결이 달라진다

작은 의식이 큰 하루를 바꾼다

인생을 살며 큰 시련 하나 정도는 다들 겪겠지요? 모두가 자신만의 사연을 마음 한구석에 두고 있는 법입니다. 지난 일이지만 제게도 번아웃이라는 반갑지 않은 손님이 찾아왔습니다. 자괴감, 무력감, 상실감 등 세상의 온갖 부정적 감정들이 몸과 마음을 짓누르는 것만 같았지요. 어떻게 하면 그 늪에서 빠져나올 수 있을지 해결 방법을 물어볼 수도 없었습니다. 정확히 말하면 누군가에게 이야기를 꺼낼 용기는 없었습니다. 걱정을 끼치기도 싫었고 내 입으로 털어놓는 그 이야기를, 다른 사람과 함께 내 귀로 다시 들어야만 하는 장면을 상상하면 정말로 패배자로 끝날 거 같은 느낌이었지요. 그래서 스스로 만든 동굴 속에 있는 것이 편했지만 머릿속에서는 부정적인 감정들이 다시 보기로 무한 재생되었습니다. 그 장면들은 편집되다가 원래 있지도 않은 부분이 추가되기도 했지요. 집에 오면 일단 누워서 핸드폰을 쥐고서 생각을 지우고 지웠습니다. 그래도 여전히 마음은 복잡했지요.

 이렇게 살다가는 안 되겠다 싶었을 때 예전에 한 친구가 해준 말이 떠올랐습니다. 힘든 일이 생기면 상황의 장단점과 나의 감정을 글로 써서 객관적으로 직면하라고, 상상하는 것보다 현실은 그리 심각하지 않을 거라고요. 그리고 그 종이를 시원하게 찢어버리라고요. 그래서 일단 한번 적었습니다. '겪어보지 않으면 모른다'라는 말도 있습니다만 막상 글로 쓰고 읽어보니 만약에 그 글을 인터넷에서 다른 사람의 사연으로 접했다면 "당신의 감정, 기분 정말 이해합니다만 그래도 이렇게까지 힘들 필요는 없어요. 시간 아까워요"라고 댓글을 달았을 거라는 생각이 들었습니다.

 신기하게도 적으면서 해소되는 느낌이 커졌습니다. 땅굴을

파고 들어가고 있던 제 상황을 똑바로 바라볼 수 있었고 이제
는 수렁에서 벗어나고 싶다는 생각이 들어서 그 문장들에 줄
을 쭉쭉 긋고 종이를 쫙쫙 찢어버렸습니다. 같은 행동을 여러
번 하고 나니 스트레스가 풀리는 느낌이 들었습니다. 그것을
하루에 한 번씩 반복하다 깨달았습니다. 예전만큼 힘들지 않
다고요. 그때부터는 부정적인 글 대신에 긍정적인 글이 쓰고
싶어지더군요. 그래서 인터넷에서 긍정 확언 같은 문장을 찾
아보고 옮겨적기 시작했습니다. 이때를 계기로 저는 필사 리
추얼이 주는 치유에 빠지게 되었습니다.

하루의 첫 리추얼이 방향을 결정한다

어떤 일로 부정적인 감정에 빠지게 되면 그 일이 해결되어도
정작 감정은 그대로인 경우가 많습니다. 사람은 반복적인 것
에 편안함을 느끼게 되어 있거든요. 부정적인 감정에도 예외
는 없어서 반복하다 보면 이것이 기본값이 되어버리고 심지어
그런 상태에 안정감을 느끼기까지 합니다. 그래서 저는 아침
단 1분이라도 '필사筆寫'를 추천합니다. 펜실베니아 대학의 연
구에 따르면, 아침의 감정 상태가 하루 전체의 생산성과 의사

결정에 상당한 영향을 미친다고 합니다. MIT의 연구팀은 하루의 첫 10분이 행동의 도미노 효과를 만든다는 분석을 하여 이를 '첫 번째 행동 효과'라고 명명하였습니다. 아침에 눈을 떠서 각종 SNS에 뜬 지난밤 가십거리를 찾아본다면 그리 좋지 않은 감정 상태로 출발할 가능성이 큽니다. 그런 기사들은 자극적이고, 비교우위를 가려서 경쟁심리를 부추기는 경우가 많거든요. 여기 자기 사랑에 기반한 건강한 경계선을 알려주는 9개의 문장을 소개합니다. (출처: Warrior Goddess Women)

It is not my job to fix others. 다른 사람을 고쳐주는 것이 나의 일은 아니다.

It is okay if others get angry. 다른 사람이 화를 내도 괜찮다.

It is okay to say no. '아니오'라고 말해도 괜찮다.

It it not my job to take responsibility for others. 다른 사람을 위한 책임을 지는 것이 나의 일은 아니다.

I don't have to anticipate the needs of others. 나는 다른 사람의 필요를 예측할 필요가 없다.

It is my job to make me happy. 나 자신을 행복하게 만드는 것이 나의 일이다.

Nobody has to agree with me. 모든 사람이 내 의견에 동
의할 필요는 없다.

I have a right to my own feelings. 나는 나만의 감정을
가질 권리가 있다.

I am enough. 나는 지금 나로도 충분하다.

한 줄이라도 위의 문장을 아침마다 소리 내어 읽어보세요.
내 목소리로 녹음해서 듣는 것을 추천합니다. 우리의 오감 중
여러 감각을 동원해서 반복하면 더욱 깊이 새겨지게 됩니다.
요일마다 하나씩 정해서 한 줄 필사하고 하루를 시작하는 건
어떨까요? 하나의 좋은 문장이 도미노 현상을 일으켜 하루를
좋은 기운으로 시작해 충만하게 보내게 될 것입니다.

마음을 가다듬는 작은 순간들

하루는 24시간, 1,440분, 86,400초로 이루어져 있습니다.
잘게 쪼개면 쪼갤수록 하나의 거대한 덩어리가 아니라 수많은
작은 순간과 선택이 이어지는 점들의 흐름이라고 느껴집니다.
문제는 우리는 그 조용한 틈과 여백을 거의 인식하지 못한 채

강물처럼 흘려버린다는 것입니다. 정신없이 일하고, 알림을 확인하고, 앞서 달리는 생각에 비해 몸은 따라가기 힘든 상태가 반복되면 하루의 결이 투박해지고, 감정도 쉬이 흔들립니다. 그래서 마음을 가다듬기 위해 휴식 같은 리추얼이 필요합니다. BBC의 심리학 연구에 따르면 하루의 중간에 1, 2분 멈추는 '마이크로 휴식'과 같은 아주 작은 리추얼만으로도 스트레스가 완화되고 집중력은 회복된다고 합니다. 그 짧은 휴식이 감정의 하향을 끊고 다시 올라갈 발판을 마련합니다. 삶을 지탱하는 것은 결국 이런 작은 순간들이 쌓인 안정감입니다.

저의 외국인 친구 P는 한국어에 관심이 많아서 꾸준히 공부하고 있습니다. 어학원 수강도 했고 개인적으로 책을 사서 공부하거나 SNS를 보면서 한국어를 지속적으로 접하고 있습니다. OTT로 화제의 드라마도 챙겨보는 편이고 대화해보면 발음도 꽤 좋습니다. 외국인이 한국어 배우기가 쉽지는 않아 보이지만, 바쁜 일정 중에도 놓지 않는 P가 대단합니다. 이에 영감을 얻어 저도 영어 교재를 한 권 준비했습니다. 퇴근 후 하릴없이 유튜브만 보고 싶을 때 딱 5분만 시간을 내어서 보는 거죠. 오래 볼 의무도 없고 목표도 작게 잡아 부담이 없습니다. 중요한 것은 이 5분이라는 짧은 리추얼로 흩어진 정신이 다시 모일 수 있게 됩니다. 포인트는 한 권을 여러 번 보는 데에 있습니다. 익숙한 단어 하나, 문장 하나를 외우는 짧은 시간이 뇌에 작은 전환 신호를 주고, '나는 무언가 착착 쌓아가고 있다'라는 조용한 확신을 만드는 거죠. 이처럼 짧은 정리·공부·휴식 리추얼은 하루를 지탱하는 기둥 같은 역할을 합니다. 작으면 작을수록 좋아서 삶 속으로 자연스럽게 스며들어 반복의 안정성을 느끼게 됩니다. 결국 1분, 3분, 10분의 리추얼이 감정의 방향을 바꾸고 삶의 결을 고운 질감으로 되돌립니다. 그 순간 다시 균형을 잡고 마음을 가다듬어 조금 더 단단한 하루를 살아냅니다. 작은 리추얼이 가진 힘은 바로 여기에 있습니다.

10분 리추얼 가이드

- [ ] 잊고 싶은 안 좋은 기억을 종이에 적고 찢어서 버리며 마음에서 놓아주기
- [ ] 내 마음을 편안하게 만드는 문장 한 줄 골라 조용히 필사하는 시간 갖기
- [ ] 관심 있는 분야가 떠오르면 결과보다 경험에 집중하며 하루 5분 직접 해보기

멈춤이 곧
회복이 되는 순간

잠깐 멈추는 용기

정신건강의학과 의사 정혜신 박사는 "휴식은 선택이 아니라 생존 기술이다"라고 했습니다. 지치고 힘들 때 무작정 버티는 것이 능사가 아닙니다. 1보 전진을 위한 2보 후퇴라는 말도 있듯이 더 나아가기를 바란다면 그저 견디는 게 좋은 결과를 가져온다는 법은 없습니다. 이럴 때 우리는 잠시 멈출 줄 알아야 합니다. 멈춤은 결코 게으름이 아니라 자기 자신을 보호하는 능력이며, 도피가 아닌 용기입니다. 감정이 휘몰아치거나 극에 달할 때 잠시 멈추는 행동은 회복의 출발점이 됩니다. 〈BBC Future〉에서 '잠시 멈춤의 심리학'이라는 주제로 짧게 멈추는 습관이 스트레스 지수를 20~30퍼센트 감소시킨다고 소개한 적도 있습니다.

오래전 제가 피아노 연주회를 준비하던 때입니다. 특정 몇 마디를 아무리 연습해도 완성할 수 있을지 자신이 없었습니다. 무한 도돌이표를 해보아도 마음에 들지 않고 못생긴 소리만 들려왔습니다. 매일 연습한다고 해도 시간이 부족하게만 느껴졌고 심지어 연주회를 포기하고 싶은 지경까지 이르러 결단을 내렸습니다. 그 부분은 놓아두기로요. 다른 뾰족한 수도 없었습니다. 그렇게 나머지 연주에 집중하다 며칠 후 다시 해봤더니 거짓말처럼 그 부분이 잘 되는 정도까지는 아니어도 그동안 압박을 덜어내서 그런지 훨씬 낫기는 하더라고요. 잠깐 멈추는 동안 제 안에서 숙성된 기분이랄까요. 잠시 멈출 수 있었던 용기가 약해진 마음을 지켜준 듯한 고마운 기억입니다.

하버드 대학의 공식 매체인 《하버드 가제트 *The Harvard Gazette*》에서도 '반응 전에 멈추기 *Stopping before reacting*'를 언급하면서 멈춤이 충동적 반응 대신 의식적 선택을 가능하게 해준다는 신경과학적 근거를 밝히기도 했습니다. 옛말에 "참을 인忍 자 세 번이면 살인도 면한다"고 했습니다. 순간적인 감정에 매몰되어 성급하게 내려버린 결정이 얼마나 큰 결과를 초래할 수 있는지 생각하게 만드는 문구입니다. 격한 감정에 휘말림을 인식하고 잠시라도 멈추고 쉬며 정비하는 리추얼을 가진다면 적어도 훗날 후회할 일은 생기지 않을 것입니다. 마음이 격해진다면 멈추고 마음속으로 '잠깐, 멈춰! 이게 맞아?' 생각하고 잠시 숨을 깊게 쉬어보는 리추얼을 실천하면 좋겠습니다.

쉼, 몸과 마음이 다시 정렬되다

건강을 위해서 요새 신경 쓰는 것 딱 하나만 꼽으라고 한다면 저에게는 '잘 자기'입니다. "잠이 보약"이라는 말이 있지요. 어릴 적 그 말을 들을 때마다 '사람이 밤이면 졸려서 자는 잠이 무슨 보약이야. 특별한 날 특식을 준다면서 흰쌀밥에 김치만 주는 소리 같네' 하고 생각했습니다. 자고로 보약이란 각별하게 건강을 챙기고 기력을 보하기 위해 어쩌다 달여 먹는 건데 조상님들이 음식이 풍족하지 못하니 잠이라도 잘 자자고 그냥 하는 말인 줄 알았지요. 또 한동안 "사당오락四當五落",

즉 4시간 자면서 공부하면 시험에 붙고, 5시간 자면 떨어진다란 말도 있었고, "잠이란 죽은 다음에 많이 자면 된다", "인생의 3분의 1을 자면서 보내기엔 아깝다"라며 잠을 경시하는 말도 있었습니다. 그러나 잠의 중요성에 관해 여러 연구가 이루어지면서 사람들도 잠의 진가를 알아보기 시작했습니다. 저도 질 좋은 수면이 컨디션에 얼마나 큰 영향을 미치는지 온몸으로 체감하고 나서는 잠에 유달리 신경 쓰고 있습니다.

　수면이 중요한 과학적인 이유를 알아보겠습니다. 첫째, 수면 시간은 뇌 청소 시스템이 작동하는 유일한 시간입니다. 깨어 있을 때는 뇌 속 노폐물인 베타 아밀로이드*Beta-amyloid* 등이 거의 배출되지 않아 수면 부족은 알츠하이머 위험 증가로 이어집니다. 둘째, 수면 중에 뇌가 낮 동안 받아들인 정보 중 중요한 것들을 분류해 장기기억으로 저장합니다. 셋째, 깊은 수면 동안 성장 호르몬 분비가 최고치에 달해 근육 회복과 지방 대사, 조직 재생이 이루어집니다. 넷째, 수면은 정서를 담당하는 뇌인 편도체를 안정시켜서 감정 안정·회복탄력성·긍정 감정을 강화합니다. 다섯째, 수면 중 면역세포(T세포·NK세포) 활동이 증가하여 자연 면역 부스트 역할을 합니다. 짧게 자는 사람은 감기·질병·염증 위험이 올라가는 거죠. 여섯째, 7~8시간 건강한 수면은 심혈관 질환·당뇨·비만 위험이 감소하여 수

명 증가와 매우 강한 상관관계가 있습니다. 절대적인 수명보다 건강 수명이 더욱 중요한 시대가 되었기 때문에 질 좋은 수면은 현대 사회 인간에게 더욱 중요해졌습니다. 휴식은 사치가 아닌 자산입니다. 잠이 부족하다면 적어도 11시부터는 잠자리에 들기를 강력하게 추천합니다. 삶이 달라집니다. '밤에 왜 이렇게 재미있는 일이 많이 일어나는 거야?' 하고 일찍 자는 데 공연히 시간을 아까워하지 말고 우리의 몸과 마음에 한 시간만 양보하세요.

멈춤은 삶의 흐름을 이어주는 연결고리

프리드리히 니체는 말했습니다. "원하는 만큼 멀리 가려면, 때때로 멈출 줄 알아야 한다." 저는 이렇게 말하고 싶습니다. "원하는 만큼 먹고 싶다면, 때때로 단식할 줄 알아야 한다." 그렇다고 제가 사흘씩 단식하는 사람은 아니지만 먹는다는 것이 얼마나 중요한지를 깊이 느끼고 있습니다. 우리가 하루 동안에 가장 기본적이면서 자주 반복하는 행동이 바로 '먹기'입니다. 음식은 단순한 에너지 연료가 아니라 몸·감정·사고방식까지 결정하는 기초 원료입니다. 세포 하나하나, 근육, 피부,

뇌, 호르몬까지 오늘의 선택이 곧 내일의 상태가 되는 것이지요. 신기한 것은 '감정도 음식을 따른다'는 것입니다. 최근 장과 뇌가 축으로 연결되어 있다는 개념이 주목을 받고 있는데요, 장 환경이 좋으면 안정감과 집중력, 의욕이 올라가고 장 환경이 나쁘면 특별한 이유 없이 우울하거나 짜증이 나기도 한다고 합니다.

음식이 들어오지 않으면 몸은 손상된 세포, 염증, 노폐물을 연료로 사용하기 시작합니다. 즉 청소 시간인 셈이라 노화 완화, 피로 감소, 장기 건강에 도움이 되지요. 사람이 쉬지 않고 일하면 피로가 쌓이듯이 위장도 계속 소화를 하게 되면 지치고 염증이 쌓입니다. 따라서 단식은 '그저 안 먹기'가 아니라 몸이 스스로 치유하는 시공간을 열어주는 정비 리추얼입니다. 저는 하루에 17시간 정도 공복 시간을 가지려고 합니다. 맛있는 음식을 좋아해서 현실적으로 길게는 못하고 제게 맞는 방법을 찾아 자연스럽고 건강한 음식으로 가려 먹으려고 노력합니다. 가령 저에게 수요일 저녁은 엄마의 음식을 먹는 날입니다. 사회생활을 하다 보니 외식과 배달음식을 아예 배제하기는 어려우나 수요일만큼은 엄마가 만드신 국과 반찬을 챙겨 먹습니다. 엄마는 김치는 물론이고 된장과 고추장까지도 직접 담그시는 분인데 건강한 조리법으로 요리를 하는데도 엄청난 손맛을 가지고 계십니다. 이번 주에는 굴이 넉넉하게 들어가 있는 미역국과 감칠맛 넘치는 파김치를 곁들여 먹었지요. 그야말로 꿀맛입니다. 엄마가 해주신 익숙하고 건강한 음식 맛을 보는 것만으로도 가족과 연결됨을 느끼고 무의식적인 응원과 위로를 받습니다. 삶의 흐름으로 다시 들어가서 헤쳐나갈 힘이 생기지요. 수요일 저녁 리추얼은 저의 감정까지도 채워주는 소울푸드, 영혼의 식사 시간입니다. 여러분도 식사에 관한 리추얼을 만들어보기를 권합니다.

10분 리추얼 가이드

- □ 너무 힘든 날에는 버티기보다 잠시 쉬어도 괜찮다고 스스로에게 허락하기
- □ 몸과 마음의 회복을 위해 나에게 맞는 충분한 수면시간 확보하기
- □ 마음이 지친 날을 위해 나를 위로하는 소울푸드 먹는 날 정해보기

흐릿해진 나를
다시 선명하게 만드는 법

감정의 먼지를 털어내는 작은 의식들

〈가요무대〉라는 TV 프로그램 아시나요? 1985년에 시작되어 우리나라 가요 역사의 맥을 이어 전통과 현대를 총망라하는 콘서트 프로그램입니다. 월요일 밤 〈가요무대〉에서 흘러나오던 노래를 추억에 젖어 따라 부르며 "○○○은 여전하네~", "□□□이 그때 엄청 인기 있었는데 요새 무엇을 하고 있을까?", "△△△이 아무리 인기 있어도 노래 실력은 ☆☆☆

못 따라갔지” 하고 부모님이 도란도란 나누시던 대화는 여전히 현재진행형입니다. 여러분은 어떤 노래를 즐겨 듣나요? 쇼팽의 〈즉흥환상곡〉은 제게 큰 영향을 주었고 그 후 여러 장르에 빠져 있던 시간을 돌고 돌아 요새는 클래식을 주로 듣습니다. 클래식의 세계는 광활하고 깊어서 파도 파도 시간이 모자라지요. 그러다 얼마 전 ‘악동뮤지션’의 이찬혁 가수가 낸 곡을 우연히 듣게 되었습니다. 제목은 〈멸종위기사랑〉인데요, 처음 들었을 때 갑자기 눈물이 핑 돌았습니다. 왜냐고요? 제가 고등학생 때 자주 듣던 노래를 떠올리게 했기 때문입니다. 벼락 맞은 것처럼 그때가 파노라마처럼 지나갔죠. 깊숙한 곳에 넣어두었던 제 보물 같은 10대 시절을 누군가가 눈앞에 들이대며 ‘그렇게 좋아하더니. 다 잊은 거야?’ 하고 소리치는 것 같았습니다.

10대는 뇌 발달과 감정 경험이 가장 활발한 시기로, 이 시기에 들은 음악은 뇌에 깊이 각인되어 평생 기억에 남습니다. 음악은 자아 탐색과 소속감 형성에 중요한 역할을 하며, 이 시기 경험은 평생의 취향으로 이어집니다. 성인이 되어 과거를 회상할 때, 10대 시절에 즐겼던 음악을 들으며 에너지를 얻고 추억에 잠기는 경우가 많습니다. 따라서 사람들은 각자 자신이 젊었을 때의 음악이 가장 뛰어나다고 평가하는 경향이 있습니다. 10대 때 들었던 음악은 취향을 넘어 자아와 추억, 감정적 정체성, 사회적 경험을 함께 담은 소중한 자산으로 남게 됩니다. 중고등학생이었을 때 저는 그 어느 때보다 취향이 확고했던 거 같습니다. 지금은 오히려 미적지근해진 느낌이 없지 않습니다. 그래서 저는 한 달에 한 번 시간을 정해서 제가 10대일 때 유행했고 좋아했던 노래를 듣는 리추얼을 할 생각입니다. 추억에 잠기면서 감정의 먼지를 털어내고 그때의 에너지를 받아 좀 더 선명해진 나를 만나는 리추얼, 같이 해보실래요?

나를 잃어버린 순간, 작은 반복이 방향을 돌린다

얼마 전에 인터넷에서 "본 거 또 보는 사람, 정서적 지능 높다"라는 꽤 흥미로운 게시물의 제목을 보았습니다. 리추얼의 3대 속성(의미 부여, 반복, 연결) 중의 하나인 반복이 제목에 표현되어 있어 홀린 듯이 클릭했지요. 요약하면 이러합니다. 같은 드라마를 반복해서 시청할수록 과학적으로 '정서적 지능'이 높은 사람일 확률이 크다고 합니다. 반복 시청은 감정을 다루는 뇌의 무의식적인 전략으로 익숙함은 뇌에 안정 신호를 보내고, 이는 스트레스를 완화하고 기분을 회복시키는 역할을 한다고 합니다. 우리가 앞서 다루었던 내용이지요. 댓글에는 '갑자기 지능이 높은 사람 되어버렸네요', '본 거 또 보는 게 가장 재미있어요', '새로운 거 보면 에너지 소모되는 느낌 때문에 힘들어요', '다 아는 내용이라 슬렁슬렁 봐도 다 이해되고 편안합니다', '저는 미국 드라마 〈프렌즈〉를 몇 년째 밥친구(친구와 밥 먹는 것처럼 식사 중 틀어 놓는 영상)로 정주행합니다', '하하, 이 글 덕분에 갑자기 주변인들이 저를 천재 취급하네요', '혹시 〈무한도전〉도 끼워주나요?' 등 재미있고 공감되는 반응들이 많았습니다. 이러한 작은 반복은 현실의 불안정과 혼란 속에서 뇌가 스스로 위로하는 방법이고, 감정 회복을 돕는 일종의 셀프 테라피인 셈입니다. 스스로 치유하는 방법을 자신도 모르게 하고 있던 것이지요.

그러고 보니 지인들에게 매년 보는 영화가 있는지 궁금해져서 물었을 때 나왔던 공통적인 주제는 바로 크리스마스였습니다. 각자의 종교를 떠나 한 해가 저물어가고 새로운 한 해를 기다리는 성탄절 무렵의 들뜬 분위기를 느낄 수 있어서겠지요. 친구는 〈나 홀로 집에〉 시리즈를 본다고 했습니다. '크리스마스는 케빈과 함께'는 너무나도 유명한 말이 되어버렸지요. 저는 〈해리포터와 마법사의 돌〉을 좋아합니다. 다시 봐도 언제나 새롭고 재미있더라고요. 〈러브 액츄얼리〉, 〈로맨틱 홀리데이〉도 많은 사랑을 받는 크리스마스 배경의 영화지요. 여러분도 여러 번 돌려보게 되는 영화나 드라마가 있나요? 혹시 있다면 이미 의미 있는 리추얼을 실천하고 있는 겁니다. 정체성의 복구 신호로 작용해 자신감을 회복시키는 작은 반복 행동의 효과를 누리기를 바랍니다.

혼란 속에서도 나를 다시 만나는 리듬

어느 심리학자가 강연에서 했던 이야기입니다. "실제 실험인데요, 길거리에서 아무나 붙잡고 청바지를 입은 통제자가 지시하면 사람들이 항의합니다. 그런데 유니폼을 입은 통제자가 지시하면 훨씬 더 많은 사람이 그의 말을 따릅니다. 복장이 주는 권위가 매우 큽니다. 군인이 군복이나 양복을 입고 전투할 때 임하는 자세가 다를 수밖에 없는 거잖아요. 그래서 옷은 잘 입을수록 좋습니다. 일상복 입는 곳에 정장 입고 가도 됩니다. 그런데 정장을 입어야 하는 자리엔 일상복을 입으면 안 되는 겁니다. 잘 입는 건 항상 문제가 안 됩니다. 내가 입을 수 있는 제일 좋은 옷을 입고 다니는 게 가장 좋습니다."

관련하여 엔클로티드 코그니션*Enclothed Cognition*이라는 용어를 소개합니다. 옷이 우리의 생각, 태도, 행동에 영향을 미치는 심리적 현상을 의미하는데, 이 현상의 첫 번째 핵심은 '상징적 의미'입니다. 의사 가운엔 전문성과 집중력의 이미지가 있습니다. 정장은 성과와 자신감, 운동복은 활동성과 에너지의 이미지를 가지고 있는데, 이 의미가 뇌에 바로 작동하게 됩니다. 두 번째 핵심은 보는 것만으로는 효과가 낮고 직접 입게 되면 더욱 크게 영향을 받는다고 합니다. 예컨대 같은 흰 가운을 입어도 '이건 의사 가운'이라고 들은 그룹은 집중력 점수가 더 높게 나왔습니다. 세 번째 핵심은 실생활에의 적용입니다. 면접이나 공식 행사 등에서 정장을 입으면 자신감이 높아지고 긴장감은 줄어듭니다. 평소와 다른 옷을 입으면 기분 전환하거나 새로운 태도를 가지는 데 도움이 됩니다.

결론적으로 옷 선택이 외형뿐만 아니라 내면까지도 변화시킬 수 있다는 것입니다. 그러면 우리가 일상에서 이 원리를 리추얼로 어떻게 활용할 수 있을까요? 한 달에 한 번은 특별한 행사가 있지 않아도 최대한 차려입고 출근하거나 외출하는 건 어떨까요? 또는 내가 가장 좋아하는 옷에 의미를 부여하는 것입니다. '이 옷을 입으면 자신감이 폭발해. 하는 일마다 성공하게 되는 옷이야!'라고요. 마치 슈퍼맨이나 아이언맨의 특별한 수트처럼 말이죠. 중요한 일이 있을 때 그 옷을 입고서 뭐든 잘 되는 마법에 걸리는 겁니다. 일상에서 이 같은 옷차림 리추얼을 통해 자신감이나 집중력을 높이고 싶은 순간에 긍정적인 효과를 기대할 수 있습니다. 이번 주말에 옷장을 열고 한번 활용해보기를 바랍니다.

10분 리추얼 가이드

☐ 10대 시절 내가 가장 좋아했던 음악 다시 들어보기

☐ 매년 반복해 보며 삶의 의미를 되새길 나만의 영화 한 편 정하기

☐ 자신감과 안정감을 주는 나만의 '마법의 옷' 한 벌 정해 특별한
　날 입기

리추얼의 천재들

작가들의
리추얼

하루를 단단히 세우는 작은 의식들

이번 장에서는 다양한 분야의 위인과 유명인의 실제 리추얼을 살펴보려고 합니다. 그들의 리추얼 중에 나의 삶에 작게나마 녹여볼 아이디어를 찾는다면 반은 성공입니다. 반은 나의 몫이겠지요. 위대한 업적을 세운 그들도 강철 아닌 숨 쉬는 인간입니다. 다 놓아버리고 싶을 때 유의미한 작은 반복으로 어떻게 삶을 지탱해갔는지 알아가는 과정은 흥미롭고 공감도 가면서 얻을 게 많은 여정이 될 것입니다. 영감이 오지 않아도, 삶이 흔들려도 일정한 리추얼만큼은 지켜내며 자신을 다시 일으켜 세웠던 작가들의 이야기를 먼저 보겠습니다.

1979년 소설 『바람의 노래를 들어라』로 등단한 이래 연령과 국적을 불문하고, 폭넓은 사랑과 지지를 받으며 세계적인 작가로 자리매김한 무라카미 하루키むらかみ はるき는 오전엔 글쓰기(몰입), 오후엔 달리기(회복)로 구성된 단순하고 규칙적인 생활로도 유명합니다. 새벽 4시, 어둠이 완전히 걷히기도 전이지만 하루키는 커피 한 잔을 들고 조용히 책상 앞에 앉습니다. 그에게 커피는 글쓰기에 몰입하는 자신만의 의식을 만드는 중요한 요소입니다. 첫 문장을 시작하면 매일 일정량(원고지 20매)의 글을 쓰는 것이 원칙입니다. 어느 날은 컨디션이 좋아서 많이 쓴다든가, 어느 날은 글이 잘 써지지 않아 한 장도 안 쓰지 않기 위해서 이 원칙을 꼭 지킨다고 합니다. 이렇게 하루씩 쌓아가다 보면 장편소설을 완성하는 데는 일 년 정도 걸린다고 하는데요, 하나의 주제로 몰입하여 일 년이라는 시간을 글쓰기로 유지할 수 있으려면 체력은 필수입니다. 그렇게 몇 시간 뒤 쓰던 글을 덮고 운동화 끈을 묶는 순간, 그는 다시 '살아 있다'라는 확신을 얻습니다. 달리는 리듬은 문장의 리듬으로 이어지고, 매일의 반복이 그의 세계를 만들어갑니다. 달리기

는 그에게 있어 신체·감정·사고를 재정렬하는 매우 중요한 리추얼입니다. 하루키의 각별한 달리기 사랑은 회고록 『달리기를 말할 때 내가 하고 싶은 이야기』에 잘 드러나 있습니다. 그는 전업 소설가로서 살아가고자 결심한 전후에 달리기를 시작했다고 합니다. 이후 생활의 일부가 될 만큼 하루도 쉬지 않고 달리기를 이어오며 그를 사랑하는 독자 등 많은 사람들에게 생활 속 리추얼을 만드는 데 영감을 주고 있습니다.

흐트러진 삶을 다시 다잡게 해준 작은 반복

헤밍웨이 *Ernest Hemingway*의 『노인과 바다 *The Old Man and the Sea*』는 왠지 읽고 나면 슬퍼질 것 같아 저는 손이 안 가더라고요. 그러다 얼마 전 새해 새 마음으로 자리 잡고 읽었는데요, 혹시 아직 안 읽어본 분이 있다면 꼭 한번 읽어보길 바랍니다. 줄거리를 소개하자면, 노인 산티아고는 젊었을 적 힘이 굉장히 세고 자신감 넘치는 어부였지만 세월의 흐름을 거스르지 못한 채 떨어지는 체력을 느끼며 살아가고 있습니다. 마을 사람들의 도움으로 근근하게 살아가는 처지에 이르게 되어도 여전히 그는 배에 몸을 싣지요. 그러다 84일 동안이나 바다에서 아무

것도 건지지 못하자 마침내 산티아고는 자신감을 회복하기 위해 친구인 어린 소년에게 인사를 전하고 큰 물고기를 찾아 머나먼 바다로 떠납니다. 깊고 어두운 바다에서 하루가 지나 기적적으로 거대한 청새치를 만나면서 싸움은 시작되었고, 그 싸움은 곧 자신과의 싸움으로 변합니다. 이틀 밤낮 동안 꼬박 청새치를 해안가로 끌고 오느라 사투를 벌이던 산티아고는 정신적 싸움에서 승리를 거둘 수 있어야 자신이 실제의 싸움에서 이길 수 있음을 깨닫게 됩니다. 너무나 인간적인 그 아름다움이 주는 감동을 사무치게 느낄 수 있는 이야기입니다.

　저는 『노인과 바다』를 읽고 벅차올라서 이렇게 사람들의 마음을 울리는 위대한 작품을 쓰는 작가는 어떤 사람일까 참으로 궁금해서 헤밍웨이의 리추얼을 찾아보았습니다. 헤밍웨이는 전날 밤늦게까지 술을 마셨더라도 어김없이 아침 6시쯤 눈을 떴습니다. 아침 햇빛이 비스듬히 들어오는 방에서 가슴 정도 높이의 책꽂이를 마주 보고, 타자기와 독서대가 포개진 책상에 서서 글 쓰는 것을 즐겼다고 합니다. 작업이 안 풀릴 때면 편지에 답장하고는 했고, 그 시간은 '글쓰기라는 끔찍한 책임감'에서 해방되는 휴식 시간이었습니다. 또한 그는 자만하지 않기 위해 항상 그날 쓴 단어의 수를 기록해두었고 늘 다음 문장을 남겨둔 채 원고를 덮었습니다. "내일의 나에게 작은 선물을 남기는 셈이지.” 이 말처럼, 그 선물은 다음 날 책상 앞에 다시 앉게 만드는 힘이었습니다. 글쓰기의 고통을 줄이는 것도 결국은 리추얼이었습니다.

반복 속에서 진짜 ‘나’를 다시 찾다

작가들의 리추얼을 들여다보면 반복되는 행동이 단순한 습관을 넘어 자신을 회복하는 과정이라는 걸 깨닫게 됩니다. 매일의 의식을 통해 산만해진 마음을 가라앉히고, 잃어버린 자신을 다시 불러냈던 것입니다. 그 과정이야말로 혼란 속에서도 자신을 붙잡아주는 가장 강력한 힘이었다고 생각합니다.

인간을 탐구하는 걸작 『변신』으로 유명한 프란츠 카프카*Franz Kafka*는 치열한 그의 인생 자체로도 널리 알려져 있습니다. 그는 오전엔 보험공사 직원으로 성실히 근무하고 오후에 잠깐의 낮잠과 산책 후 밤부터는 작가로서 “망원경으로 혜성을 살피듯 자신을 향해 매일 한 줄의 글이라도 써야 한다”라고 자신을 다그쳤습니다. 소음에 민감해 모두가 잠든 밤부터 새벽까지 이어지는 그의 집필 리추얼은 고독하고 힘들었지만 그 시간만큼은 온전하고 고유한 ‘나’로 존재할 수 있었습니다.

BBC 투표에서 지난 천 년 동안 가장 위대한 작가 3위로 뽑힌 조지 오웰*George Orwell*은 『동물농장』, 『1984』 등 위대한 작품을 남겼는데요, 그는 자연 속에서 자신을 정돈하는 타입이었다고 합니다. 도시와 사람들에게서 멀리 떨어진 작은 시골집에서 새벽 글쓰기를 하고, 글이 막힐 때면 정원에서 흙을 만지며 생각을 풀었습니다. 파이프 담배를 피우며 조용히 걷는 것도 그의 일상 리추얼이었지요. 오웰은 "몸이 고요해지면 머리도 고요해진다"라는 원리를 누구보다 잘 알고 있었고 그것을 자신의 창작 리추얼에 녹여내었습니다.

『오리엔트 특급 살인』, 『그리고 아무도 없었다』 등 세계에서 가장 많이 읽히는 추리소설 작가 애거서 크리스티*Agatha Christie*의 리추얼은 조금 특별했습니다. 정해진 장소보다 정해진 도구가 중요했고, 휴대하던 작은 노트에 떠오르는 단서를 바로 적었습니다. 또 욕조에서 사과를 먹으며 사건의 구조를 떠올리곤 했습니다. 일상의 아주 사소한 순간조차도 기록하는 행위가 크리스티에게는 최고의 창작 리추얼이었습니다.

이들의 삶은 서로 다르지만, 때로는 작품보다 더 많은 이야기를 품어 우리에게 영감을 주고 본보기가 되고 있습니다. 무너진 마음을 원래 자리로 데려오는 리추얼 속에서 우리는 가장 솔직한 '나'를 다시 발견하게 됩니다.

세계적인 운동선수들의
리추얼

움직임이 나를 살린다

삶이 흔들릴 때 몸이 먼저 우리를 붙잡아줄 때가 있습니다. 머릿속이 복잡할수록 움직임이 균형을 되찾아줍니다. 못을 박기 위해 망치질을 할 때 갑자기 손이 미끄러지는 경우가 있습니다. 이런 경우 십중팔구 다른 생각을 하다 그런 사고가 생기지요. 세계 최고의 운동선수들이 선택한 것도 결국 복잡한 생각을 멈추고 몸의 리듬에 자신을 맡기는 것이었습니다.

농구 역사상 가장 위대한 선수로 평가받으며 1980, 90년대 NBA(미국프로농구)의 세계화를 이끌었던 마이클 조던*Michael Jordan*. 스포츠용품 브랜드 나이키에서 그의 이름을 따서 만든 운동화가 지금까지도 대중에게 큰 사랑을 받고 있습니다. 조던의 등장과 성장, 1990년대 시카고 불스의 연대기를 기록한 넷플릭스의 〈더 라스트 댄스〉를 저는 굉장히 재미있게 보았습니다. 조던의 팬들만을 위한 영상이 아니라 자신의 꿈을 향해 가는 사람들이 한 번쯤 볼 만한 가치가 있는 영상이라는 생각이 들었습니다. 최고의 승부사이자 NBA의 전설, 농구 황제 등 붙여진 별명도 많았던 그는 코트에서 혼자 공을 튕기는 시간을 절대 거르지 않았습니다. 경기 시작 전 두 시간, 아무도 없는 코트에 서서 슛을 하고 자신의 발동작을 점검했습니다. 조던은 "몸이 평소의 리듬을 찾으면 마음도 제자리를 찾는다"라고 말했습니다. 그의 리추얼은 완벽주의보다는 안정으로 향하는 길이라고 할 수 있습니다. 또한 프로 선수가 되고 나서도 경기마다 대학부 선수 시절 입었던 UNC(노스캐롤라이나 대학) 농구 반바지를 유니폼 안에 항상 착용하기도 했습니다. 심리적인 안정감을 주는 상징적 리추얼인 셈이죠. 이후 나이키에서 UNC의 상징색인 하늘색과 흰색을 넣은 바지를 출시하여 많은 사람들이 조던의 에너지를 받기 위해 구매해 착용한다고 합니다. 그 바지를 입으면 마치 조던이 함께 뛰어주는 것 같은 느낌이 드는 거죠. 그 색은 나이키에서 일명 UNC 색으로 통용되고 있습니다.

몸이 제 역할을 하면 마음도 따라온다는 진리는 쉬워 보여도 실천은 어렵지요. 생각이 복잡할수록 몸의 리듬이 우리를 다시 일으킵니다. 움직임이 나를 살립니다. 그리고 그 반복되는 움직임이 결국 삶 전체를 회복시키는 첫걸음이 됩니다.

조용한 마음이 승리를 만드는 방법

이 선수는 15세에 프로에 데뷔해서 무려 23년 동안 메이저 대회에서 22차례 정상에 올랐고 특히 클레이코트의 프랑스 오픈에서 14차례 우승해 '흙의 신'으로 불렸습니다. 바로 테니스 선수 라파엘 나달*Rafael Nadal*입니다. 2024년 은퇴한 나달은 오랫동안 세계 랭킹 1위를 유지할 정도로 걸출한 실력과 따뜻한 인성, 절제력으로도 유명하나 그의 경기 속 루틴은 강박 수준이라고 불릴 정도로 더욱 유명합니다.

· 경기 45분 전 얼음처럼 차가운 물로 샤워하기

- 양말은 종아리에 나란하게 올려 신은 상태 유지하기
- 경기장에 들어올 때 반드시 오른발부터 딛고 들어오기
- 경기 중이 아닐 때는 경기장 선을 밟지 않고 오른발로 넘어 다니기
- 한 손에는 라켓, 다른 손에는 라켓 5개가 든 가방을 들고 코트에 입장하기
- 코트 내 선수 구역 벤치에 도착하면 선수 출입증을 얼굴 사진이 위로 가게 놓기
- 벤치는 사이드 의자와 수직이 되도록 배치하기
- 경기 전 준비운동 중에 관중석을 바라보며 점프하면서 재킷 벗기
- 서브권 결정하는 동전 던지기를 할 때는 계속해서 제자리 점프하기
- 공을 먼저 쳐서 보내는 사람이 결정되면 베이스라인까지 뛰어서 이동하기
- 서브 넣을 때는 매번 오른손으로 반바지 뒤쪽과 앞쪽-왼쪽과 오른쪽 어깨-코와 왼쪽 귀-코와 오른쪽 귀-오른쪽 허벅지 순서로 만지기
- 매 포인트(경기 점수)가 끝나면 수건으로 얼굴을 닦고 코와 귀도 수건으로 쓸어주기

- 모든 체인지오버(매 홀수 게임이 끝나고 코트 사이드를 바꿀 때 허용되는 시간 90초)에서는 수건을 두 장 집어 하나는 잘 접어 뒤쪽에 뒤고 하나는 무릎 위에 얹기
- 코트를 바꿀 때 상대 선수보다 늦게 이동하고, 휴식 시간 후에도 상대 선수보다 늦게 일어나기
- 한 물병에서 물을 한 모금 마신 후에 두 번째 병에서 한 모금 마시고, 두 물병은 항상 상표가 경기장을 향하도록 한 줄로 배치하여 계속 같은 위치에 세워놓기

나달은 몇몇 사람들이 이 루틴을 미신이라고 말하는 것을 거부하며 "나를 시합에 임하게 하는 방법, 내 주변과 내가 머릿속에서 추구하는 질서가 일치하도록 정리하는 방법이다"라고 자서전에서 밝혔습니다. 그렇다면 이는 루틴을 넘어 리추얼이 됩니다. 마음이 안정되면 몸은 자연스럽게 제 실력을 드러내는 법이지요. 리추얼은 마음을 조율하는 가장 실용적인 방법이며, 작은 고요가 결국 큰 승리를 만들게 됩니다.

경기 외의 시간이 실력을 완성한다

최고의 선수들은 경기장 안에서만 강하지 않습니다. 오히려 승부는 경기장 밖에서 이미 절반은 결정된다고 믿습니다. 삶 전체에 리추얼이 녹아들어 정렬될 때 비로소 흔들림 없는 실력이 완성됩니다.

2014년 은퇴한 피겨스케이팅의 전설 올림픽 금메달리스트 김연아 선수는 준비운동의 점프 하나에도 리듬을 부여했습니다. 얼음 위에 올라서면 빙질을 느끼려고 가볍게 활주를 시작합니다. 속도는 바퀴 수가 늘어날수록 빨라집니다. 몸풀기에도 단계가 있어 손을 드는 각도, 동작에 들어가는 순서, 숨 들이쉬는 타이밍까지 동일하게 반복했다고 합니다. 다음으로는 프로그램의 움직임 연기를 맞춰보고 본격적으로 점프를 점검합니다. 프로그램은 매년 바뀌지만, 경기 직전 훈련 워밍업은 크게 바꾸지 않고 있다고 당시 인터뷰에서도 밝힌 바 있습니다. 김연아 선수는 "반복되는 동작이 긴장을 없앤다. 경기장의 압박 속에서도 늘 하던 움직임이 나를 보호하는 작은 의식이었다"라고 말했습니다. 불안 조절 리추얼의 정석을 실천했던 것이지요.

4개의 그랜드슬램 대회에서 모두 우승하는 커리어 그랜드슬

램을 달성했으며 역사상 모든 스포츠의 여자 운동선수 중에서 가장 많은 상금을 받은 인물이기도 한 테니스 선수 세레나 윌리엄스*Serena Williams*에게도 마음의 질서는 중요했습니다. 그녀는 경기 전 항상 손을 철저히 씻고, 매 토너먼트 내내 같은 샤워실을 사용하고 같은 양말 신기를 고집했습니다. 신발 끈을 정확히 같은 방식으로 묶고 특정 음악을 들으며 워밍업하고 코트에 입장하는 것까지 하나의 리추얼로 빈틈없이 지켰다고 합니다. 윌리엄스는 이를 '나를 보호하는 방패'라고 부르며 불안을 완화하고 집중을 끌어올리는 리추얼로 삼았습니다. 익숙한 순서와 반복이 자신감을 끌어올리며 마음을 안정시키는 보호막 역할을 한 셈입니다.

이처럼 경기력은 경기장에서만 만들어지는 게 아닙니다. 회복, 준비운동, 마음 관리, 하루의 페이스까지 삶을 전체적으로 하나의 리듬으로 만든 사람만이 흔들리지 않는 실력을 드러낼 수 있습니다. 결국 경기장 외의 시간이 경기를 승리로 이끄는 것입니다. 우리도 마음을 정돈할 수 있는 리추얼과 함께 경기장 밖의 시간을 만들어보는 것이 어떨까요?

경영 구루들의
리추얼

하루를 통째로 바꾸는 아침의 한 시간

'아침이 달라지면 하루가 달라진다'고 말하는 사람들은 많지만 진짜로 삶에 새겨 넣은 사람들은 드뭅니다. 세계적인 CEO들에게 새벽은 단순한 시간대를 의미하는 것이 아닌 하루의 방향성을 결정하는 기점입니다. 그 기점에서의 한 시간이 하루 동안의 결정과 성과, 감정의 바탕이 됩니다.

새벽 3시 45분, 대부분 아직 꿈속에 있을 시간에 애플 CEO

팀 쿡*Tim Cook*은 이미 눈을 뜹니다. 조용한 방에서 하는 하루의 첫 번째 행동은 간밤에 도착한 수백 개의 이메일을 확인하는 것입니다. 그에게 이 시간은 전쟁터에서 방패를 챙기는 시간입니다. 누구에게도 방해받지 않는 이 새벽 시간이 그에게 전략적 침착함을 만들어주었다고 해도 과언이 아닙니다. 그리고 반드시 아침 운동으로 하루를 열며 몸과 마음을 정렬합니다. 팀 쿡에게 새벽은 자신을 다잡고 세상을 맞이할 준비를 하는 리추얼입니다.

테슬라와 스페이스X의 CEO 일론 머스크*Elon Musk*의 아침은 문제 해결이라는 기준으로 시작합니다. 침대에서 일어나 가장 중요한 문제를 메모하고 하루를 5분 단위로 쪼개어 일정을 설계합니다. 그에게 아침은 혼자만의 집중력 창고 같은 시간입니다. 고요한 시간대에 해결해야 할 1순위 문제를 정해두고 그것을 중심으로 하루를 운영하기 위해 그의 아침 리추얼은 분산된 에너지를 한 방향으로 모으는 과정입니다. 하지만 그도 인간인지라 2022년 한 인터뷰에서 "나는 많은 사람도 그럴 것으로 생각하는 나쁜 습관이 있다, 아침에 일어나자마자 가장 먼저 휴대전화를 확인하는 것"이라고 말하며 "사실 이것은 끔찍한 습관"이라고까지 했습니다. 그는 보통 새벽 3시에 잠자리에 들어 아침 9시 30분에 일어나는데, 잠자는 동안 회사

비상 상태를 놓치지 않기 위해서라고 말했습니다. 이어 건강 유지를 위해 운동을 할 필요가 있다며 그 습관을 최소 20분의 운동으로 대체하고 싶다는 새로운 리추얼을 계획하기도 했습니다.

세계적인 CEO들은 아침의 한 시간을 혼자만의 시간으로 확보하고, 그 시간에 하루의 중심을 찾아 놓습니다. 아침의 고요는 귀찮고 졸린 시간이 아니라, 하루를 설계하여 삶을 다시 정비하는 강력한 공간입니다. 바로 그 한 시간이 하루를 바꾸고, 그 하루들이 모여 결국 한 사람의 인생을 만듭니다.

덜 결정할수록 더 집중할 수 있다

우리는 중요한 일을 하고 싶어 하는 동시에 어떤 옷을 입을지, 아침에 뭘 먹을지 등과 같은 사소한 결정에 많은 에너지를 쏟아버립니다. 세계 최고 수준의 CEO들은 이 사소한 결정들이야말로 눈에 잘 보이지 않으나 집중력을 갉아먹는다는 사실을 아주 잘 알고 있습니다. 그래서 그들은 의도적으로 삶을 단순하게 만듭니다.

세계적인 SNS 페이스북 창업자 마크 저커버그*Mark Zuckerberg*

는 매일 같은 회색 티셔츠와 회색 후드티를 입는 것으로 유명합니다. 그는 회색 반팔 티셔츠 아홉 벌과 회색 후드티 여섯 벌이 나란히 걸려 있는 옷장을 공개하기도 했습니다. 사람들은 이를 두고 그에게서 패션은 찾아볼 수 없다 했으나 저커버그는 분명한 이유를 가지고 있었습니다. 중요한 결정을 위해 에너지를 아끼고 싶다는 것입니다. 옷장을 살피고 오늘의 옷을 선택하는 데 드는 뇌 활동조차 줄여서 누구에게나 공평하게 주어지는 하루 24시간을 자신이 원하는 문제 해결 중심으로 편성하는 것입니다. 그에게 옷 미니멀 리추얼은 생산성을 올려주는 고마운 도구입니다.

전설적인 투자가의 아이콘으로 여겨지는 인물인 버크셔 해서웨이 CEO 워런 버핏*Warren Buffett*의 하루도 최소한의 선택으로 이루어져 있습니다. 2017년 HBO 다큐멘터리 〈워런 버핏 되기〉에서 그는 매일 아침 다섯 부의 신문을 읽고 맥도날드에 들러 3.17달러짜리 아침식사를 한다고 밝혔습니다. 그는 소시지 패티 두 개, 소시지 에그 치즈, 베이컨 에그 치즈 중 하나를 선택합니다. 거의 변화가 없는 그의 일상의 반복이 결국 막대한 자산을 불린 비결이었습니다. 일상의 안정이 중요한 판단의 질을 높이고, 시장의 잡음에 흔들리지 않는 정신력을 만든 것입니다. 버핏은 "나는 내가 아는 것을 반복한다. 그것이 확률을 높인다"라고 말한 바 있습니다.

그들은 인생에서 불필요한 선택을 걷어내고 정말 중요한 일에 에너지를 남겨두었습니다. 하루를 단순하게 정리하면 그 구조가 삶을 더 단단하게 지탱한다는 걸 보여줍니다. 우리 역시 삶 속 사소한 결정에 대한 에너지를 줄일 수 있다면 그만큼 더 중요한 일에 마음과 시간을 쓸 수 있습니다. 덜 결정하는 것이 결국 더 잘 살아가는 길이 됩니다.

몰입의 시스템

치열한 경쟁 속에서 압도적인 결과를 만들어내기 위해 어떤 이들은 많은 시간을 쓰지 않습니다. 그보다는 집중된 시간, 깊은 사고, 고요한 리듬을 만드는 데 몰입합니다. 그들에게 몰입은 운도 재능도 아닌 예측 가능한 방식으로 매일 반복하는 시스템입니다.

세계 최대 이커머스 기업 아마존의 CEO 제프 베조스*Jeff Bezos*는 아침에 우렁찬 알람을 쓰지 않고 자연스럽게 잠에서 깨어난 뒤, 커피를 마시며 가족들과 시간을 보냅니다. 그는 아침의 여유가 뇌의 판단력을 최고로 끌어올린다고 믿기에 중요한 회의는 오전 10시 전에 하고, 오후 5시까지는 어려운 결정을 내리는 업무를 모두 끝냅니다. 2018년 인터뷰에서 그는 "매일 8시간 잠을 잔다. 더 좋은 생각을 하고, 더 많은 에너지를 충전하고, 더 좋은 기분을 유지하기 위해서"라고 밝혔습니다. 그는 수면시간을 줄이면 더 많은 결정을 내릴 수 있겠지만, 그것은 그다지 중요하지 않다면서 "하루에 세 번 좋은 결정을 내리면 충분하며 그 결정은 내가 할 수 있는 가장 높은 수준의 결정이어야 한다"라고 말했습니다.

마이크로소프트 창업자 빌 게이츠*Bill Gates*에게 몰입의 핵심은 고립된 사고의 시간입니다. 그는 매일 트레드밀 위에서 걷거나 뛰며 책을 읽는데, 몸이 리듬을 찾는 동안 머리는 더 깊은 생각으로 내려간다고 합니다. 게이츠는 자신의 블로그에 '독서는 새로운 주제를 배울 수 있는 가장 좋은 방법'이라며 "어릴 때부터 일주일에 한 권의 책을 읽는 습관을 갖고 있으며, 아무리 바빠도 틈나는 대로 책을 읽는다"라고 밝혔습니다. 또 그는 일 년에 두 번 떠나는 '생각하는 일주일' 몰입 리추얼을 실천합니다. 일주일 동안 완전히 외부와 단절된 채 오로지 읽고, 생각하고, 메모하며 새로운 아이디어의 씨앗을 만듭니다. 그는 "고요한 시간은 사치가 아니라 생산성의 핵심이다"라고 말했습니다.

이들은 몰입이란 타고나는 재능이 아니라 시스템이 만든다는 것을 알고 시간을 오래 쓰는 것이 아니라, 깊이 있게 쓰는 기술을 반복했습니다. 질 좋은 수면, 고요한 공간, 고립된 시간, 독서, 운동 등 모두 생각의 깊이를 확보하기 위함입니다. 생각은 흐르는 대로 두면 얕아지고, 의도적으로 구조를 만들면 깊어질 수 있습니다. 깊은 생각이야말로 가장 확실한 경쟁력입니다.

정신적 리더들의
리추얼

마음이 흔들릴 때 나를 먼저 다독이는 사람들

관계가 틀어지는 순간, 사람들은 먼저 상대를 바꾸려고 합니다. 자신이 옳다고 생각하기 때문이겠지요. 하지만 위대한 리더들은 반대의 길을 택했습니다. 마음이 흔들릴 때 먼저 돌아보아야 하는 사람은 바로 나라는 사실을 잘 알고 있었습니다.

세계평화의 상징으로 불리는 달라이 라마*Dalai Lama*(1989년 노벨평화상 수상)는 새벽 어둠 속 하루의 첫 한 시간을 명상으로 채웁니다. "모든 존재가 행복하길 바랍니다." 이 단순한 문장을 마음속에서 천천히 되뇌는 동안 걱정과 상념은 자연스레 가라앉습니다. 다른 이들을 이해하기 위한 출발점은 언제나 내 마음의 중심을 먼저 단단히 세우는 일입니다. 나와 연결되고 나면, 다른 이들과도 더욱 편안해집니다. 그는 "내가 안정되지 않으면, 누구도 안정시킬 수 없다"라는 말을 남겼습니다.

세계 4대 생불(살아있는 부처를 이르는 말) 중 한 명이었던 틱낫한*Thich Nhat Hanh* 스님(2022년 입적)의 리추얼은 더욱 섬세합니다. 갈등 상황이 생기면 틱낫한 스님은 깊게 숨을 들이마시며 이렇게 말했다고 합니다. "숨을 들이쉴 때 너를 받아들이고, 숨을 내쉴 때 너를 놓아준다." 단 10초의 호흡이지만 널뛰던 감정을 부드럽게 완화하는 데 충분한 역할을 했습니다. 감정을 억누르지 않고 천천히 다루는 이 방식은 수많은 사람들의 관계를 회복시킨 리추얼로 알려져 있습니다.

가난한 이들의 성자로 불렸던 교황 프란치스코*Francis*(2025년 선종)의 리추얼은 하루의 마지막에 자신을 돌아보는 것입니다. 이를 양심 성찰 또는 일일 성찰이라 부르며 같은 실수를 반복하지 않고 성장하도록 많은 이에게 권유하였습니다. 어둑해진 밤, "마음속에서 무슨 일이 일어났는가? 오늘 내가 상처 준 사람은 누구인가?" 스스로 묻습니다. 이름이 떠오르면 다음 날 먼저 다가가 사과의 말이나 행동을 건넵니다. 그에게 리더십은 실수 없는 사람이 되는 것이 아니라, 실수를 먼저 인정하고 관계를 다시 회복하는 용기였습니다.

마음이 흔들릴 때는 상대보다 나를 돌아보는 것이 먼저입니다. 시간이 흐르면 사람도 다르게 보입니다. 짧은 고요에 감정이 가라앉고, 안정되면 관계는 자연스럽게 다시 이어지며 작은 리추얼이 관계의 끊어진 고리를 다시 묶는 힘을 만듭니다.

말을 적게 하고 더 깊이 듣는 사람들

관계가 무너질 때를 돌아보면 말이 너무 많아서 생기는 경우가 대부분입니다. 서로를 그저 자기의 생각대로 설득하려 하고, 자기의 입장만을 설명하려 애씁니다. 그러나 진정한 관계 회복은 그 반대 방향에 있습니다. 말을 줄이고, 듣는 시간을 늘리는 작은 리추얼, 세계적 리더들은 이 사실을 체감하고 있었습니다.

세계 인권운동을 상징하는 넬슨 만델라*Nelson Mandela* 전 남아프리카공화국 대통령(1993년 노벨평화상 수상, 2013년 타계)

의 어록 중에 다음과 같은 말이 있습니다. "난 말을 결코 가볍게 하지 않는다. 27년간의 옥살이가 내게 준 것이 있다면 그것은 고독의 침묵을 통해 말이 얼마나 귀중하고 사람에게 얼마나 큰 영향을 끼치는지 알게 됐다는 것이다." 만델라는 회의 자리에서 사람들 앞에 앉으면 먼저 20초 동안 아무 말도 하지 않았습니다. 짧은 침묵 동안 그는 표정과 분위기를 읽었고, 상대는 자신의 속마음을 더 꺼내기 시작했습니다. 만델라는 '침묵은 상대를 존중하는 가장 강력한 언어'라고 말했습니다. 그의 고요한 시간은 때로는 말보다 진심을 더 많이 전달하는 리추얼이었습니다.

데일 카네기*Dale Carnegie*는 긍정적인 인간관계를 맺는 자기계발 학문의 선구자입니다. 그의 대표적인 저서 『인간관계론』은 1936년에 처음 출판되었으며, 전 세계적으로 6,000만 부 이상이 팔렸고 지금도 꾸준히 사랑받고 있습니다. 그는 '먼저 말을 걸기보다 먼저 귀를 기울이라'는 원칙을 지켰습니다. 바로 매일 10분간 주변 사람의 장점을 찾고, 그날 한 사람에게 진심 어린 칭찬을 건네는 리추얼입니다. 사람들은 '누군가가 나를 지켜봐준다', '누군가가 나를 이해해준다'라고 느끼는 순간 마음이 열리기 때문입니다. 그의 리추얼은 단순한 칭찬을 넘어 관계의 심지를 밝히는 의식이었습니다.

어떤 소통 전문가들은 상대의 마지막 문장을 그대로 따라 말하는 리추얼을 제안합니다. 단 한 문장을 따라 말하는 것만으로도 상대는 "아, 이 사람이 진짜 나를 이해하려 한다"라고 느낀다고 합니다. 이 작은 의식은 갈등을 단번에 누그러뜨리고, 대화의 방향과 분위기를 완전히 바꿔놓습니다. 관계는 말하기가 아닌 듣기로 회복되는 것을 우리는 압니다. 작은 리추얼 하나가 무너진 마음 사이에 다리를 놓게 됩니다.

상처를 치유하는 리더들의 행동 의식

어떤 사람들은 침묵을 택해 시간을 벌려고 하지만 진짜 리더들은 행동으로 관계를 다시 연결하려고 합니다. 행동이 마음보다 먼저 움직이고, 반복이 신뢰를 다시금 회복시킨다는 사실을 알기 때문입니다. 5성 장군 출신의 미국의 34대 대통령 아이젠하워*Dwight David Eisenhower*는 숨 가쁜 전쟁터에서도 감정에 휩쓸리지 않았습니다. 일명 아이젠하워 매트릭스라고 불리는 그의 비밀은 문제 해결 시 우선순위와 관리 철학에 영감을 받아 개발된 도구입니다. 아이젠하워는 한 연설에서 "저에겐 두 종류의 문제가 있습니다. 긴급한 문제와 중요한 문제입니다. 긴급한 것은 중요하지 않고, 중요한 것은 절대 긴급하지 않습니다"라는 명언을 남겼습니다. 아이젠하워 매트릭스를 간단히 알아보겠습니다.

첫째, 가지고 있는 고민이나 문제를 모두 나열하고, 그 내용과 목표를 명확하게 정리합니다.

둘째, 각각을 중요성과 긴급성의 관점에서 평가합니다. 중요성은 해당 문제가 나의 전체적인 목표 달성이나 원칙에 얼마나 큰 영향을 미치는지를 따져보고, 긴급성은 즉각적인 처리가 필요한 정도를 고려합니다.

셋째, 2×2표를 그립니다. 가로축은 중요성을, 세로축은 긴급성을 뜻하며 아래와 같은 네 개의 영역을 만듭니다.

넷째, 각 영역에 배치된 문제에 대해 처리 방법을 결정합니다.

- 중요하면서 긴급한 문제: 가장 우선순위를 높게 두고 즉각적으로 처리합니다.
- 중요하지만 긴급하지 않은 문제: 계획적으로 시간을 할당하여 처리합니다.
- 긴급하지만 중요하지 않은 문제: 다른 사람에게 위임하거나 최소한의 시간을 할애하여 빠르게 처리합니다.

- 긴급하지 않고 중요하지 않은 문제: 최소한의 시간을 할애
하거나 가능하면 제외합니다.

2사분면: 긴급하지만 중요하지 않은 문제 (대신 도와줄 수 있는 사람 찾기)	1사분면: 중요하고 긴급한 문제 (지금 당장 하기)
3사분면: 긴급하지 않고 중요하지 않은 문제 (가능하면 하지 않기)	4사분면: 중요하지만 긴급하지 않은 문제 (언제 할지 결정하기)

관계 문제에서도 예외가 아닙니다. 이 리추얼은 감정이 치밀어 오르는 순간에도 바로 해결해야 하는 일인지, 시간을 두고 다시 이야기해야 하는지 정리하게 함으로써 충동적 대응을 막고, 상대에게 상처 주는 말을 방지합니다. 그는 "정돈된 사고가 정돈된 관계를 만든다"라고 말했습니다. 반복되는 행동, 꾸준한 원칙, 의식적인 준비가 신뢰를 쌓고 무너졌던 관계를 일으켜 세웁니다.

과학자들의
리추얼

걷고 바라보고, 연결되는 순간

자연 속에서 걷고 하늘과 나무를 바라보며 깊게 호흡하는 동안 혼란스러운 생각이 정리되고 갑자기 새로운 아이디어가 솟아오를 때가 있습니다. 위대한 과학자와 탐험가들 역시 이 단순한 리듬을 가장 강력한 리추얼로 믿었습니다.

진화론의 창시자로 널리 알려진 『종의 기원』을 쓴 찰스 다윈 *Charles Robert Darwin*은 집 근처의 작은 오솔길 샌드워크(다윈이 살던 한적한 마을의 빌린 땅에 나무를 심어둔 곳)를 따라 보통 하루에 세 번 산책을 나갔습니다. 반려견 폭스테리어 폴리를 데리고 지팡이로 자갈길을 톡톡 치며 걸으면서 그는 진화론의 조각을 하나씩 맞춰갔습니다. 산책하는 동안 걸음의 규칙적인 리듬은 생각을 정리하는 최고의 방법이었고 그의 아이디어를 깊게 만들었습니다. 다윈은 아내에게 "걷다 보면 답이 보인다"라고 말하곤 했습니다.

상대성이론이라는 업적을 남기며 인류역사상 가장 위대한 물리학자라 여겨지는 아인슈타인*Albert Einstein*도 걷는 동안 사고의 전환을 느꼈습니다. 그는 문제가 막히게 되면 조용히 바이올린을 들고 산책길로 나갔습니다. 바이올린 선율과 걷기의 리듬이 맞물리는 순간 머릿속의 복잡한 구조는 한순간에 단순해졌습니다. 산책하며 가설을 떠올리고 검증하며 인류의 역사에 한 획을 그을 발견과 이론을 내보인 것이지요. 걷기는 그에게 창의성의 원천이었고 뛰어난 문제 해결 도구였습니다.

밤하늘을 바라보며 영감을 얻은 인물도 있습니다. 세계에서 가장 유명한 천문학자 중 한 명으로 20세기 후반 대중들로 하여금 천문학에 지대한 관심을 가지게 한 칼 세이건*Carl Sagan*은 『코스모스』, 『창백한 푸른 점』을 저술하였습니다. 그는 매일 저녁 산책하며 하늘의 별을 하나하나 바라보았습니다. 그 고요한 순간은 취미라기보다 우주를 이해하고 인간 존재를 성찰하는 그의 리추얼이었습니다. 밤하늘을 바라보는 행위가 그의 내면을 확장시킨 것이나 다름없지요.

걷고, 바라보고, 호흡하는 자연의 리듬 속에서 그들은 마음을 가라앉히고 생각을 확장했습니다. 자연 속에서 반복하는 작은 행동들이야말로 가장 강력한 몰입의 도구였고 긴장과 두려움을 희석하는 데 큰 도움을 주었습니다. 그리고 그 리듬은 누구나 일상에서 시작할 수 있습니다.

반복되는 행동이 사고를 단단하게 만든다

위대한 발견이나 창의적 사고가 번뜩이는 영감에서 탄생한다고들 말합니다. 그러나 실제로 거대한 업적과 지식을 만들어낸 사람들은 생각이 흐트러지고 감정이 흔들리거나 무언가 막히는 느낌이 들 때 자신만의 규칙·정리·기록 리추얼을 반복했습니다.

방사능 연구의 선구자이며 라듐·폴로늄의 발견과 연구로 노벨 물리학상과 노벨 화학상을 수상한 마리 퀴리*Marie Curie*는 실험을 시작하기 전 항상 같은 순서로 책상과 장비를 정돈하였습니다. 비커의 각도, 노트의 위치, 실험복 매무새까지도 일관된 순서가 있었습니다. 그녀는 "정돈의 의식이 마음을 흔들리지 않게 한다"라고 하며 단 한 줄이라도 관찰 기록을 노트에 적고 생각을 외부로 꺼내 안정시키는 과정을 반복했습니다. 정리→기록→고요의 반복은 복잡한 사고가 분산되지 않도록 붙잡는 강력한 리추얼이었습니다. 그녀는 "나는 과학이 기가 막히도록 아름답다고 믿는 사람 중 하나다. 실험실에서 과학자는 자연현상 앞에 동화처럼 흥미를 느끼는 어린아이와 같다"라고 말하며 실험 과정의 반복을 통해 과학과 연결되어 진정 행복하다고 느끼는 사람이었습니다.

세계에서 가장 많은 발명(축음기, 전구 등)을 남긴 토머스 에디슨*Thomas Edison*은 "천재는 99퍼센트의 노력과 1퍼센트의 영감으로 만들어진다"라는 말을 남겼지요. 에디슨은 굉장히 신선한 방식으로 반복의 힘을 사용했는데, 한밤중에 오래 자는 대신 수시로 낮잠을 잤다고 합니다. 그는 문제 해결이 막힐 때마다 15분 정도 짧은 낮잠을 잤습니다. 주로 팔걸이의자에 앉아 잠을 청했는데 오른손에 금속 공을 쥐고, 그 아래쪽 바닥에는 냄비를 뒤집어 두었습니다. 잠이 들면 쥐고 있던 손의 힘이 풀려 금속 공이 냄비 위로 '쾅!' 하고 떨어지는 소리에 잠이 깼고, 짧은 반수면 상태에서 새로운 아이디어가 떠올랐습니다.

에디슨에게 반복되는 낮잠은 혼란과 막힘에서 벗어나 창의성과 해결의 문을 여는 열쇠였습니다.

이들에게 반복은 지루함이 아니라 혼란을 정리하고 사유를 단단하게 만드는 장치였습니다. 정리, 기록, 단기 휴식, 반복적인 관찰 등 작은 행동들이 쌓여 위대한 발견을 만들어냈습니다. 결국 사고를 깊게 만드는 힘은 순간의 영감이 아니라 매일 반복되는 작은 행동의 힘에서 시작됩니다.

두려움 속에서도 침착함을 만드는 생존 리추얼

위험 앞에서는 누구나 두렵습니다. 그런데 어떤 사람들은 두려움 속에서도 놀라운 집중력과 침착함을 유지합니다. 그들에게 침착함은 타고난 성격이 아니라 매일 반복한 생존 리추얼에서 만들어진 삶의 태도이자 기술입니다.

1969년 인류역사상 최초로 달에 첫 발을 디딘 주인공으로 기록된 우주비행사 닐 암스트롱*Neil Armstrong*은 "이것은 저에게는 작은 발걸음이지만 인류에게는 위대한 도약입니다"라는 명언을 남겼습니다. 그는 비행 전 30분간 아무 말도 하지 않았고 우주비행이라는 극도의 긴장 상황에서 감정과 생각을 잠시 모두 비웠습니다. 이 고요한 30분은 그의 심박수를 안정시키고 이성적 판단력을 극대화하는 시간이었습니다. 아폴로 11호의 착륙 직전, 수많은 경고음과 위험 신호가 울려도 암스트롱이 침착할 수 있었던 이유 중 하나는 바로 이 리추얼이었습니다.

1953년 에드먼드 힐러리*Edmund Percival Hillary*는 셰르파(히말라야에 사는 부족으로 등반가들을 위한 안내나 짐 운반 등의 일을 자주 함) 텐징 노르게이*Tenzing Norgay*와 함께 지구에서 가장 높은 산인 에베레스트를 최초로 정상까지 오르는 데 성공하여 세계인의 꿈을 실현했습니다. 힐러리 역시 등반 전 리추얼을 신봉했습니다. 발걸음의 속도, 로프를 묶는 방식, 등반 전 음식을 먹는 순서까지 동일하게 유지했습니다. 극한의 추위와 산소 부족 속에서 반복되는 행동만이 두려움을 잠재우고 몸의 리듬을 유지할 수 있는 유일한 방법이었습니다.

최초의 스쿠버 장비인 '아쿠아 렁'을 개발한 해양 탐험가 자크 쿠스토*Jacques-Yves Cousteau*는 잠수 전 반드시 '호흡-장비 점검-침착' 3단계를 완벽하게 반복했다고 합니다. 장비에 손을 올리는 순서, 호흡의 길이, 잠수 직전 눈을 감고 3초간 잡념을 지우는 리추얼. 그는 리추얼이 무너지면 바다에서 생명도 무너진다고 말했습니다. 이 반복들이 그를 바닷속에서도 침착하게 만들 수 있었습니다.

두려움은 사라지지 않지만, 새겨진 반복은 움직일 힘을 줍니다. 반복했던 행동들이 마음을 침착하게 해주고, 침착함은 위기 속 강력한 생존 기술이 됩니다. 생존 리추얼은 일상에서도 우리가 충분히 적용할 수 있습니다. 불안 앞에서 깊이 호흡하기, 중요한 순간 전에 짧은 침묵 갖기, 나만의 순서 만들기 등 삶의 위험을 견디게 해주는 심리적 버팀목을 마련해두면 어떨까요?

음악가들의
리추얼

자연의 리듬에 귀를 기울이는 사람들

위대한 음악가들에 대해 우리는 천재적인 면모를 먼저 떠올리지만 그들 곁에는 고요한 자연, 반복되는 걸음, 바람의 소리 같은 태초의 단순한 리듬이 있었습니다. 걷기와 자연은 그들에게 선택이 아니라 음악을 깨우는 의식이었습니다.

음악의 아버지 바흐*Johann Sebastian Bach*는 어릴 적부터 매우 성실하고 부지런하여 매일 아침 작곡으로 하루를 시작했습니다.

아침의 고요 속에서 그는 악구 하나하나를 정성스럽게 쌓아 올렸습니다. 점심 전에 그날 작성한 악보를 정리하고, 저녁에는 가족들과 작은 연주회를 갖고는 했습니다. 이러한 반복과 꾸준함 덕분에 바흐는 평생 1,200곡이 넘는 작품을 남길 수 있었습니다. 그는 "반복이 신의 질서를 만든다"라는 신념으로 음악·가족·신앙을 리듬처럼 묶은 생활을 하며 위대한 명작들을 남겼습니다.

음악의 신동 모차르트*Wolfgang Amadeus Mozart*는 어린 시절부터 놀라운 재능을 보여 오페라, 미사곡, 교향곡 등 600곡이 넘는 아름다운 작품을 남겼는데 이를 그의 짧은 35년 생애 동안에 작곡하려면 어떻게 해야 할까요? 그 비결은 일상의 반복에 있습니다. 그는 매일 작곡하고 연주하고 가르치는 강도 높은 일정을 꾸준히 유지하였습니다. 모차르트는 아버지에게 보낸 편지에서 할 일이 너무 많아 정신을 차릴 수가 없다고 푸념하였으나 음악적 아이디어는 샘솟듯 떠올랐습니다. 그는 이른 아침에 일어나 밤사이 떠오른 영감을 종이에 적어 내려갔고 바쁜 와중에도 매일 산책하며 악곡을 구상했다고 합니다. 걸으면 악상이 흐른다는 모차르트는 여행 중 마차 안에서도 작곡 노트를 항상 휴대하여 아이디어를 기록했습니다.

음악의 성인으로 불리는 베토벤*Ludwig van Beethoven*도 규칙적인 생활을 했습니다. 새벽에 일어나 바로 작업에 돌입했고, 아침은 직접 준비한 커피였습니다. 그의 기준에 한 컵에는 60개의 커피콩이 들어 있어야 했기 때문에 용량을 맞추기 위하여 베토벤은 커피콩을 직접 세어보기도 했습니다. 그렇게 오후 두세 시까지 작곡에 몰두하고 점심식사 후에는 오후 대부분을 산책으로 보냈습니다. 걷는 도중 떠오르는 선율을 적기 위해 주머니에는 늘 펜과 오선지 두 장이 들어 있었습니다. 걷기와 커피는 그를 안정된 리듬으로 되돌리는 장치였습니다.

천재들의 음악이 자연 속 리듬에서 시작되었다면, 우리의 일상도 그 리듬을 따라 단단하게 가꾸어갈 수 있습니다. 자연의 반복되는 리듬 바라보기, 바람소리 듣기, 걷기 등 단순하지만 가장 강력한 생각 정리의 리추얼을 나에게도 적용해보면 어떨까요?

반복되는 하루가 작품의 완성도를 만든다

당대 최고의 작곡가들은 흔히 타고났다고 생각되지만, 들여다보면 무섭도록 규칙적인 일상이 재능을 지탱하고 있었습니다. 그들은 영감을 앉아서 기다리지 않았고, 영감이 솟아나는 자리를 만들어놓아 매일 같은 시간에 지켜냈습니다.

  가곡의 왕 슈베르트*Franz Peter Schubert*는 매일 아침 6시에 일어나 오후 1시까지 쉬지 않고 작곡했다고 전해집니다. 오후에는 점심식사를 끝내고 카페로 달려가 블랙커피를 작은 잔에 마셨고 한두 시간 정도는 신문을 읽었습니다. 그러다가 악상이 떠오르면 항상 가지고 다니던 작은 악보 노트에 즉시 써 내려가서 카페, 친구의 집 등 어디서나 영감의 순간을 놓치지 않았습니다. 건강 악화와 고독감, 경제적 곤궁 속에서도 그는 창작을 멈추지 않았고 31세의 나이에 세상을 떠날 때까지 600여 곡의 주옥같은 가곡을 남겼습니다.

  최고의 기교를 가진 역사상 최고의 피아니스트로서 '피아노의 황제'라고 불렸던 리스트*Franz Liszt*의 하루는 조용한 기도에서 시작되었습니다. 폭풍처럼 연주하던 그의 무대 이미지와는 달리 차분한 아침 명상 후 간결한 식사를 하고 오전엔 정해진 연습 일과인 손가락 푸는 테크닉 연습, 즉흥 연주, 그리고 본격적인 작곡에 들어갔습니다. 영감이 떠오르지 않으면 카페, 살롱, 사람들 속에서 새로운 감각을 충전했고 여행 중에 피아노를 대체할 수 없을 때는 테이블에서 손가락 연습을 했습니다. 또한 리스트는 휴식의 날을 만들어 스스로 멈추었습니다. 지나친 몰입과 영감의 소진은 체력을 빠르게 갉아먹는다는 걸 누구보다 잘 알았기 때문이지요. 그래서 멈춤은 중요한 또 하나의 리추얼이었습니다.

프랑수아즈 사강*Francoise Sagan*의 소설 『브람스를 좋아하세요...』로도 잘 알려진 브람스는 아침 일찍 일어나 숲이나 공원을 걸었습니다. 산책이 끝나면 직접 만든 진한 커피 한 잔을 마시고 작곡을 시작했습니다. 오전에 집중적으로 작곡을 한 후 점심 무렵이 되면 '붉은 고슴도치'라는 식당으로 가서 풍성한 식사를 즐기며 친구들과 음악과 예술에 대한 깊은 교류를 나누었습니다. 일상이 깨지면 스트레스를 느낄 정도로 그에게 반복적인 일과는 선택이 아니라 브람스 자신을 붙잡아주는 체계였습니다.

이렇듯 위대한 예술은 규칙성과 반복을 견딘 사람들의 결과물이었습니다. 같은 시간 같은 방식으로 자신을 불러내는 반복 속에서 음악은 단단하게 완성되어 갔습니다. 우리의 일상에서도 작은 반복이 어떤 변화의 문을 열어줄지 모릅니다.

감정의 온도를 맞추는 예술가들

사람들은 예술가가 울렁이는 감정의 파도 위에서 영감을 얻는다고 믿지만, 거장들은 감정에 휘둘리지 않았고 감정이 음악의 재료가 되기 위해서는 적절한 온도로 다듬어져야 한다는 것을 알고 있었습니다. 그래서 그들은 공연이나 작업 전, 음악이 흐를 수 있는 자신만의 감정 온도를 맞추는 리추얼을 가졌습니다.

전 세계 피아니스트들이 뽑은 레코딩 시대의 가장 위대한 피아니스트 라흐마니노프 *Sergey Vasilyevich Rachmaninov*는 13도 음정을 넉넉히 짚을 정도의 긴 손가락으로 유명했는데, 연습과 공연 전 항상 손가락을 조용하고 길게 풀어주는 리추얼을 지켰습니다. 그는 교향곡 1번의 실패로 우울증에 빠지기도 했는데 주치의 니콜라이 달 박사의 자기암시 기법을 활용한 심리 치료를 통해 "당신은 곧 협주곡을 쓰게 될 것이며, 큰 성공을 거둘 것"이라는 암시를 지속적으로 받았습니다. 그는 자신의 잠재의식에 긍정적인 메시지를 심어 슬럼프를 극복하여 명작 피아노 협주곡 2번을 완성합니다.

공연사상 가장 유명한 스캔들로 기록되고 있는 〈봄의 제전〉의 스트라빈스키 *Igor Fyodorovich Stravinsky*는 아침 8시에 일어나 운동을 한 후 오후 1시까지 쉬지 않고 작곡하는 규칙적인 일과를 보냈습니다. 그는 작곡할 때면 고요함 속에서 철저히 혼자이기를 원해서 작업을 시작하기 전에는 창문을 모두 닫았고 "아무도 들을 수 없다는 것을 확인한 뒤에야 시작할 수 있었다"라고 말했습니다. 그러다 막히는 기분이 들면 그는 잠시 물구나무서기를 했습니다. 잠시 뒤 다시 피아노 앞에 서면 머리가 휴식을 취할 수 있어 뇌가 맑아지는 기분이라고 밝혔고, 오후에는 항상 산책을 나갔습니다.

침묵의 작곡가 에릭 사티_Erik Satie_는 같은 회색 양복을 일곱 벌 돌려 입고, 같은 메뉴를 먹고, 같은 길을 걸었다고 합니다. 주변 사람들은 그의 생활을 '기묘할 만큼 규칙적'이라고 기록했습니다. 작곡 전에는 천장의 점을 보고 15초간 호흡하는 작은 리추얼이 있었고, 몽마르트의 단출한 방에서 짧고 명확한 작곡을 반복했습니다. 그는 복잡함을 걷어낸 삶 속에서 오히려 자신만의 음악적 질서를 만들어내었습니다.

이들은 감정을 억누르지 않고 자신만의 리추얼을 통해 감정의 온도를 맞추어 스스로 몰입 상태로 들어갔습니다. 우리의 일상에서도 감정이 흐트러지는 날일수록 확언, 명상, 호흡, 정리와 같은 작은 리추얼이 필요합니다. 감정이 안정될 때 비로소 우리가 만들어야 할 삶의 리듬도 제대로 흘러갑니다.

마음의 떨림을 놓치지 않는 하루

세계 3대 소프라노 성악가 조수미의 활약은 지휘자 헤르베르트 폰 카라얀*Herbert von Karajan*과의 인연에서 비롯되었습니다. 카라얀과의 오디션이 결정되기 훨씬 전부터 그녀의 방에는 카라얀이 베를린 필을 지휘하는 패널이 벽에 장식되어 있었습니다. 아침에 일어나면 "굿모닝", 저녁에도 "굿나잇." 패널을 보며 인사하는 그녀의 마음속 카라얀은 마치 친구, 가족 같은 사람이었다고 해요. 그러다 기적처럼 카라얀의 오디션을 보게 됩니다. 정말 떨렸지만 노래하고 나와서 실제로 그를 만났을 때의 순간을 조수미는 애정을 담아 이렇게 기억합니다. "딱 보는데 매일 보던 사람 얼굴이다. '마에스트로, 머리카락 만져봐도 돼요?'라고 물었다. 방 안 패널과 너무 비슷해서 만졌다. 파란 하늘 같은 눈동자가 날 쳐다봤다. 매일 아침저녁에 인사하는 사람이 나라고 했더니 너무 놀라더라. 스물세 살 그때는 무서운 게 없었다. 그리고 서로 확 풀어졌다." 그렇게 음악가 조수미를 있게 한 카라얀이 죽기 전날까지도 함께했고, 깊은 슬픔에 포기하려 했던 오페라 무대를 지키려 그녀는 눈물을 흘리면서 끝까지 노래했다고 합니다.

조수미는 철저한 자기 관리로 유명한데 특히 감기에 걸리지 않으려고 매일 최선을 다합니다. 샤워 후 바로 말려야 하고 맨발로 다니는 건 있을 수 없을 정도로 빈틈없이 관리합니다. 공연이 끝나고 뒤풀이를 간 적이 세 번 정도밖에 없고 바로 숙소로 돌아가서 메이크업을 지우고 거울 앞에서 '나'와 대화하는 리추얼을 합니다. 공연을 돌아보며 다시 하고 싶은 감정을 다스리기도 하고, 자신을 칭찬하기도 합니다. 이토록 혹독하게 관리하는 그녀지만 공연 전에는 신나는 노래에 막춤을 추며 몸과 성대의 긴장을 풀기도 한다고 합니다.

　감정이 자신을 쓰러뜨리기 전에 기록, 준비, 정리가 필요하다는 것을 우리는 배울 수 있습니다. 저도 힘든 일이 있을 때나 반대로 기분이 너무 좋을 때도 항상 거울 속 저에게 말을 걸어 균형을 잡으려고 애씁니다. 눈동자를 똑바로 바라보고 제 이름을 부르면서 마음을 다잡습니다. 목소리를 내기 전 감정을 잠시 바라보는 작은 반복의 누적이 저의 에너지를 보다 밀도 있고 한곳에 고여 있지 않게 만들어줍니다.

위대한 화가들의
리추얼

하루를 기록하는 눈

평범한 사람들의 눈에 예술가들은 영감이 번개처럼 내려와 작품을 완성하는 것처럼 보입니다. 하지만 그들의 위대한 순간은 관찰이라는 단순하고 반복적인 행동에서 출발합니다. 세심하게 보고 기록하고, 다시 살펴보는 일을 하루도 빠뜨리지 않았던 사람들. 그들의 눈은 그저 사물을 보는 데서 멈추지 않았습니다. 세상의 흐름을 읽고 빛의 변화를 기억하고, 감정이 흔들리는 순간조차 붙잡아두는 리추얼을 하고 있었습니다.

〈모나리자〉, 〈최후의 만찬〉 등을 남겼고, 다양한 분야에서 완벽에 가깝게 두루 활약한 불세출의 천재 레오나르도 다빈치 *Leonardo da Vinci*는 아침에 일어나면 먼저 노트를 펼쳤습니다. 관찰과 스케치는 하루를 여는 가장 중요한 리추얼로 그가 세상과 대화하는 방식이었습니다. 근육이 움직이는 모습, 새의 날갯짓, 물결이 만들어내는 곡선 등 그는 같은 사물을 여러 각도에서 관찰하고 때로는 수십 번씩 그려보았습니다. 또한 '거울형 글쓰기'를 한 것으로도 유명합니다. 그는 좌우를 반전시켜 글을 써서 거울에 비춰야만 제대로 읽을 수 있게 했습니다. 일부 학자들은 이 습관이 자신의 아이디어 보호를 위한 방법이었다고 추측합니다.

빛을 훔친 화가로도 불리는 렘브란트*Rembrandt Harmenszoon van Rijn*의 하루 역시 관찰에서 시작되었습니다. 그는 거울 속 자신의 얼굴을 끊임없이 바라보았습니다. 시간이 흐르는 동안 그의 여러 자화상은 내면을 확장해갔습니다. 늙어가는 모습, 감정이 누그러지는 순간, 피곤이 내려앉은 눈가 등 그 어느 것도 숨기지 않았습니다. 매일 다른 표정, 다른 빛, 다른 그림자를 붓으로 기록하며 그는 '나'를 이해하기 위해, 동시에 인간을 이해하기 위해 자기 자신을 그렸습니다. 이 반복은 그에게 리추얼이자 훈련이었고 인간 감정의 깊이를 파고들었던 예술의 토대가 되었습니다.

이들은 다른 시대를 살았지만, 하루를 기록하는 방식은 닮아 있었습니다. 관찰은 그들에게 영감의 씨앗을 뿌리고 때로는 삶을 정리하는 도구였습니다. 오늘날 우리가 따라 할 수 있는 작은 리추얼은 아마도 더 섬세하게 보고, 더 정확히 기록해두는 일일 것입니다. 저도 얼마 전부터 제 사진을 더 열심히 찍고 있습니다. 원래 사진을 찍는 것을 그리 좋아하지 않았지만, 이제부터라도 저의 모습을 기록해두려고 합니다. 저에게는 가장 큰 영감을 주는 재료가 될 듯합니다.

혼자만의 세계에 잠기는 순간

집중력을 잃어가는 시대, 현대인은 산만하게 살아갑니다. 동시에 우리는 몰입이라는 단어에 어느 때보다 목말라 있습니다. 나를 잃지 않기 위한 멈춤이 필요합니다. 과거의 위대한 예술가들은 오래전부터 그런 방식으로 삶을 살아왔습니다. 그들은 혼자만의 세계에 잠기는 순간을 리추얼을 통해 만들어냈습니다. 작업 자체라기보다는 작업에 들어가기 위한 문을 열기 위한 것이었지요.

〈별이 빛나는 밤〉, 〈해바라기〉 등을 남긴 고흐 *Vincent van Gogh* 는 몰입의 힘을 믿었습니다. 그는 해가 지기 전 황혼의 빛을 하루의 결정적 순간으로 여겨, 때가 되면 붓을 들고 밖으로 나가 매일 똑같은 들판과 나무를 그렸습니다. 같은 장소·사물· 인물을 반복해서 그리며 미세한 차이를 찾아냈고, 고정해놓은 색의 조합을 매일 실험해보기도 했습니다. 그는 편지에서 '반복만이 형태를 파악한다'라고 언급했고, '언젠가 내 그림이 물감값과 생활비보다 더 많은 가치를 가지고 있다는 걸 다른 이도 알게 될 날이 올 것이다'라고 하며 자신에 대한 믿음을 다졌습니다.

자연의 인상에서 느낀 감동을 포착했던 모네 *Claude Monet* 는 빛이 달라지는 시점마다 캔버스를 바꿔가며 순간의 색을 붙잡았습니다. 아침의 연못, 정오의 정원, 해가 질 무렵의 노을을 보기 위해 모네는 하루를 시간대별로 나누어 '빛의 일정표'를 만들었고, 그 일정에 따라 몸과 마음을 움직였습니다. 수련 연못이나 건초더미 등 하나의 대상을 정하면 동일한 구도로 다른 시간, 다른 계절에 끊임없이 그렸고, 정원을 직접 가꾸며 자연을 관찰하는 일도 게을리하지 않았습니다. 그에게 몰입은 자연과 연결되는 방식이었습니다.

이들에게 혼자 있는 시간은 외로움이 아니라 자신에게 집중할 수 있는 통로였고, 예술은 그 몰입의 통로 끝에서 만들어졌습니다. 우리가 따라 할 수 있는 리추얼은 하루 중 단 10분이라도 '홀로 고요하게 있는 방'의 문을 여는 일입니다. 몇 년 전부터 저는 혼자 산책할 때마다 같은 장소의 풍경 사진을 찍습니다. 표정이 달라지는 하늘과 가지가 풍성한 오래된 키 큰 나무들, 그 아래 천이 졸졸 흐르는 풍경은 매일 조금씩 다르며 볼 때마다 기분이 좋아집니다. 이제는 가족들과 지인에게 공유하면 친숙하게 알아볼 정도이지요. 그렇게 잠깐의 시간이 누적되어 어느샌가 세상을 바라보는 힘을 보태줄 거라는 생각으로 매일 쌓아가고 있습니다.

마음의 기록이 작품이 되는 순간

예술가들은 종종 감정 기복을 즐기며 작업하는 것처럼 보이지만 그들의 실제 하루는 훨씬 더 차분하고 체계적입니다. 감정이 솟구치는 그대로를 옮기는 것이 아니라 매일 그것을 기록해 길들이고, 내가 표현할 수 있는 나만의 언어로 정성 들여 순수하게 반복해 거릅니다. 작품은 감정의 폭발이 아니라 감정을 다루는 방식에서 탄생하는 것일지도 모릅니다.

멕시코의 초현실주의 화가인 프리다 칼로*Frida Kahlo*는 "나는 결코 꿈을 그리는 게 아니다. 나의 현실을 그릴 뿐"이라는 말을 남겼습니다. 6세에 소아마비, 18세에 교통사고, 30여 차례의 수술 등 그녀의 삶의 고통과 절망은 수많은 작품 속에 나타납니다. 그러나 포기하지 않고 통증이 심한 날에도 침대 위에서 거울을 내려다보며 얼굴, 표정, 감정을 꾸준히 그려 자화상을 남겼습니다. 칼로에게 자화상은 슬픔의 증거가 아닌 살아있음의 증명이자 감정을 정리하는 의식이었습니다. 많은 자화상에서 아끼던 동물과 함께 등장하는데 작업 전에 동식물과 교감하는 시간을 안정 리추얼로 삼기도 했습니다. 또한 멕시코의 옷과 장신구를 항상 착용하며 '오늘의 나'를 잃지 않으려 애썼습니다.

현대미술 최고의 화가로 평가받는 피카소*Pablo Picasso*는 감정을 그대로 표출하기보다 형태를 바꾸면서 재구성하는 방식을 택했습니다. 매일 같은 시간에 규칙적으로 작업을 시작했고 감정의 결을 잡기 위해 수십 장의 스케치를 빠르게 그려나갔습니다. 피카소는 조각, 도자기, 판화 등을 제외하고도 그림만 13,500여 점이라는 방대한 양을 그렸습니다. 어수선한 작업실 속에서도 물건 배치를 바꾸지 않았고 창작 기간에는 사람을 거의 만나지 않고 외출을 최소화하였습니다. 또한 매일 저녁 같은 메뉴(생선요리나 오믈렛)를 먹고 작업을 시작했으며 해가 지는 시간부터 몰입도가 증가해 밤의 작업으로도 유명했습니다.

우리가 이들에게서 배울 점은 감정은 통제할 수 없지만, 감정을 다루는 방식은 만들 수는 있다는 것, 감정을 억누르지 않고 하루의 기록으로 길들이며 예술이라는 언어로 번역해보는 것입니다. 저는 오늘 느낀 감정을 짧게 기록하는 리추얼을 해보고 있습니다. 글로 쓸 때도 있고, 색칠하거나 무늬를 그릴 때도, 같은 얼굴을 다른 감정으로 그릴 때도 있습니다. 언젠가 제 마음의 지도를 완성할 수 있게 되길 바라며 오늘도 마음을 기록합니다.

영화인들의
리추얼

할리우드 역사상 최고의 배우 중 한 명인 메릴 스트립*Meryl Streep*은 〈악마는 프라다를 입는다〉의 미란다 역할을 훌륭하게 보여주며 한국에도 대중적으로 크게 알려진 배우입니다.

그녀는 맡은 배역마다 '역할 일기'를 쓰는 리추얼을 하고 있습니다. 역할 몰입을 위해 방대한 자료 조사를 하고, 인물의 성장 배경, 세계관, 말투, 억양, 표정, 감정, 몸짓까지 메모하여 단 한 장면에서도 감정의 흐름이 어긋나지 않도록 역할에 대해 매일 새로운 질문을 던지고 감정을 기록해둡니다. 또 스트립은 맡은 배역의 복잡한 감정을 표현하기 위해 "마치 내가 그 사람이 된 것처럼 생각하고 느껴야 한다"라고 이야기합니다. 이는 연기하는 인물에 생동감을 불어넣고 관객으로 하여금 공감대를 형성하게 만드는 원동력이 되지요. 2017년 골든글로브 공로상의 수상 소감 중 "배우가 하는 일은 다른 사람의 삶으로 들어가 관객들이 그 사람의 인생을 간접적으로 경험하도록 하는 것"이라고 밝히며 자신의 연기 철학인 진정성에 대해 언급했습니다.

우리의 삶에 녹여서 실천해볼 만한 리추얼은 무엇이 있을까요? 명배우들은 감정을 내맡기지 않고 설계합니다. 그들처럼 '오늘의 작은 역할 맡아보기'를 해보는 것은 어떨까요. 예를 들면 오늘 하루 더 친절한 사람, 또는 침착한 사람이 되어보는 것입니다. 그 역할에 맞도록 행동이나 말하는 습관을 하나씩만 바꿔보는 것이지요. 또는 오늘 하루를 '내가 선택한 롤모델의 방식'으로 사는 것입니다. 하루 끝에 그 역할로서 한 줄 일기 쓰기까지 하면 더할 나위 없습니다. 저는 빨리 말하는 습관을 고쳐보고 싶던 적이 있었습니다. 그래서 제가 애니메이션 〈주토피아*Zootopia*〉에 나오는 나무늘보가 되었다고 상상하며 천천히 말하기를 연습했었지요. 그 작은 실천이 저 자신을 조금씩 바꾸어간 느낌입니다.

아이디어가 흐르는 하루의 설계도

영화감독은 하루를 넘어 한 달, 일 년, 몇십 년까지도 설계하는 사람입니다. 그들은 영감을 무작정 기다리는 게 아니라 흐름을 만들고 구조를 세워 그 안에 생각이 차오를 수 있도록 준비합니다.

〈다크나이트〉, 〈인셉션〉, 〈인터스텔라〉, 〈오펜하이머〉 등 대중과 평단의 고른 호평을 받으며 작품성과 대중성, 예술성을 인정받고 있는 크리스토퍼 놀란*Christopher Nolan* 감독은 스마트폰을 쓰지 않는 것으로 알려져 있습니다. 인터뷰에서 그는 아이디어가 흐트러진다는 이유로 작은 선불폰을 사용하며, 이메일도 쓰지 않고 유선전화로 대화하기를 선호한다고 말했습니다. 제작진과 배우들에게 각본을 보여줄 때조차 이메일 대신 직접 만나서 주는 것과 같은 방법을 쓴다고 합니다. 놀란 감독은 "나는 쉽게 산만해져서 지루할 때마다 인터넷에 접속하고 싶지 않다"라고 하며 인터넷에 연결되지 않은 컴퓨터로 영화 대본을 쓴다고 밝혔습니다. 이 같은 성향은 제작 과정에도 이어져서 디지털에 밀려 더 이상 쓰지 않게 된 필름으로 영화 전체를 찍는 몇 안 되는 감독이기도 합니다.

〈기생충〉으로 아카데미 시상식에서 4관왕을 달성한 한국 영화를 대표하는 세계적인 거장 봉준호 감독은 일정한 시간에 일정한 양의 글을 쓰고, 아이디어를 기록합니다. 20여 년 전 그는 데뷔작 〈플란다스의 개〉 시나리오를 쓰기 위해 바다가 내다보이는 한적한 도시로 갔습니다. 누구의 방해도 받지 않으면 일필휘지로 작품을 쓸 수 있겠다는 생각이었지요. 하지만 낯선 곳에서 얼마 쓰지도 못하고 몇 달 만에 서울로 돌아오고서 집과 가까운 카페를 돌아다니며 글을 쓰는 작업 스타일이 생겼습니다. 카페의 적당한 소음, 타인과의 적절한 교류 속에서 영감이 솟는다는 사실을 깨달은 봉준호 감독은 이때부터 구석진 곳에 있는 조용한 카페를 하루에 세 군데 정도 다니며 대부분의 시나리오를 썼다고 합니다.

이렇게 영감의 흐름이 생길 수 있도록 하루의 구조를 설계해 두는 리추얼은 우리도 따라 하기 그리 어렵지는 않아 보입니다. 저도 5년을 누적해서 써온 손때 묻은 다이어리를 들고 집 앞 조용한 카페에 가서 작은 장면 하나라도 기록할 때면 진정으로 저와 연결되는 기분이 듭니다. 그럴 때 스마트폰은 가방

깊숙하게 넣어두어야 하지요. 이러한 작은 설계들이 결국 큰
창작을 만들어간다고 믿습니다.

깊숙하게 넣어두어야 하지요. 이러한 작은 설계들이 결국 큰
창작을 만들어간다고 믿습니다.

4장

인간관계의 리듬이
삶을 바꾼다

리추얼은 '나'를 넘어
'우리'를 단단하게 만든다

미국이나 호주 등 영미권에 여행이나 연수를 위해 방문했을 때마다 느끼는 것이 있었습니다. '이곳 사람들은 서로에게 인사도 잘하고 고맙다, 미안하다 표현도 참 잘하네'라고요. 버스에서 내릴 때도 기사님에게 항상 "땡큐" 하고 내리는 게 좋아 보였습니다. 길에서 서로 좁게 지나갈 수밖에 없으면 자동반사적으로 "쏘리" 하고 지나가고요. 그게 사회 전반적으로 당연한 문화라 이방인의 눈으로 보기에 따뜻한 느낌도 들고, 사회 구성원 사이에 부드러운 느낌을 주겠다고 생각했습니다. 물론 기계적으로 말이 나오기도 하지만 그 사소한 말 한마디를 하고 안 하고는 큰 차이가 있거든요.

외국인들이 한국에서 당황하는 것 중 하나가 사람들이 길에서 부딪혀도 아무 말 없이 가버리는 거라고 합니다. 저도 공감합니다. 또 버스 탈 때도 항상 감사한 마음으로 타지만 아무도 "고맙습니다", "감사합니다" 말하고 내리지 않기에 저도 얼른 내리곤 했습니다. 가끔 버스기사님들의 인터뷰를 보면 승객들이 감사함을 표시할 때 가장 보람을 느낀다고 하시더라고요. 그래서 저도 용기가 나거나 기회가 되면 꼭 표현하는 편입니다. 특히 춥거나, 덥거나, 비 오는 날에 참 감사하거든요. 일상 속 자연스레 스며든 것들은 체감이 안 될 때가 많지만 사실 무엇이든 당연한 것은 없습니다. 사소하지만 마음을 표현하는 한마디가 서로에게 힘도 더 실어줄 수 있고, 우리가 살 만한 세상이라고 느낄 수 있게 하는 에너지가 있다고 생각합니다.

제가 곰곰이 생각해본 가설은 우리말은 영어에 비해서 인사하는 말소리가 길어서 그런 것이 아닌가 합니다. 영어로 하면 하이(Hi), 땡큐(Thank you), 쏘리(Sorry) 이렇게 두 음절이면 끝납니다. 그에 비해 우리말은 "안녕하세요, 감사합니다, 미안합니다"가 이렇게 다섯 음절이라 시간도 걸리니 조금 민망한 느낌이 드나봅니다. 하지만 우리는 마음을 표현해야 합니다. 우리는 혼자 잘나서 이 세상 잘 살아가는 것이 아니라 서로 영향을 주고받고 있는 공동체 안에서 살고 있습니다. 하루에 한 번은 밖에서 감사함을 표현하는 리추얼 어떨까요? 일상에서의 소소한 행동이 사회의 안정이나 신뢰를 두텁게 하는 데 큰 영향을 줄 것입니다.

함께 만든 리듬은 신뢰의 언어가 된다

얼마 전 보았던 뉴스 영상입니다. 일을 마치고 돌아오는 아버지가 현관문을 열자, 안에서 기다리고 있던 아들이 두 팔을 벌리며 안아줍니다. 아버지의 표정은 조금 얼떨떨하고 어리둥절합니다. 속으로 깜짝 놀라며 '이게 무슨 일이지? 웬일이래?' 그런 생각을 하는 것 같습니다. 다음 날에도 아들이 반기며 포옹하자 아버지는 아직 어색한 듯 멋쩍은 표정입니다. 셋째 날 아버지는 현관에 들어설 때부터 미소를 띤 채 기대감을 감추지 못합니다. 넷째 날, 다섯째 날이 되자 아버지는 환하게 웃으며 아들을 함께 안고 등을 토닥여줍니다. 아들은 SNS에 올린 이 영상을 찍으면서 하루하루 아버지의 표정이 달라지는 것을 보고 뭉클하기도 하고 신기하기도 했다고 합니다. 댓글에는 "효도 뭐 별것 있나요, 저런 사소한 행동에 감동하시고 다들 좋아하십니다", "사랑은 마음이 아니라 행동이라고 봅니다", "아버지 입장으로 이야기하자면 은근히 기대됩니다. 그 순간이 기다려지고 행복해져요", "사랑한다고 계속 말하다 보면 진짜 사랑이 차오르는 게 느껴집니다. 자꾸 표현하고 다정해지면 본인과 주변 사람 다 행복해집니다"라는 반응들이 있었습니다.

심리학 연구에 따르면 관계 만족도는 큰 이벤트보다 자주 반복되는 작은 긍정적 상호작용에서 형성된다고 합니다. 『내 아이를 위한 감정 코칭』의 저자로 유명한 미국 워싱턴 대학 존 가트맨*John M. Gattman* 교수는 "성공적인 관계는 위대한 제스처가 아니라 매일 작은 친절의 반복이다", "행복한 부부는 갈등보다 5배 더 많은 긍정적 상호작용을 한다"라고 말한 바 있습니다. 긍정적 상호작용의 예로는 짧은 손 터치, 눈 맞춤, 고맙다는 말 등이 있습니다. 한번 떠올려보세요. 오늘 가족들과 긍정적 상호작용을 얼마나 나누었나요? 일 년에 한 번 큰 선물을 하는 것보다는 매일매일 가족에게 따뜻한 말 한마디, 어깨 한번 두드려주기와 같은 소소한 일상 행동이 가족 사이 특히 배우자 사이에 안정감, 신뢰감에 직접적인 영향을 준다는 캘리포니아 대학의 연구가 있습니다. 하루가 아무리 바빠도 가족이나 가까운 이와 함께 짧게나마 공감하고 서로 토닥여주는 시간을 가져보면 어떨까요? 작지만 꾸준한 행동이 관계를 안정적이고 신뢰를 더 깊게 합니다.

혼자가 아닌 '우리'를 만들어내는 연결의 기술

잘 몰라서 아쉬운 게 몇 가지 있습니다. 그것에 대해 잘 알고 즐기게 된다면 인생이 좀 더 재미있어질 거라는 생각인데요, 그중 하나는 야구입니다. 저는 야구를 잘 모릅니다. 만약 야구 경기의 규칙을 제대로 이해하고 응원하는 팀이 생긴다면 인생을 지금보다 몇 배는 재미있게 살 거라는 생각이 듭니다. 몇 해 전 잠실야구장을 비롯해 야구 경기장에 몇 번 가본 적이 있습니다만 지금은 프로야구를 직관하려면 표 구하기가 하늘의 별 따기만큼이나 힘들다 들었습니다. 왜 이렇게 야구가 인기가 많아진 것일까요?

야알못(야구를 잘 알지 못하는 사람)인 제 생각은 이러합니다. 야구 게임 자체도 재미있다고 들었습니다. 9회까지 있어 중간

그 언제부터 보기 시작해도 뭔가 부담이 없습니다. 거기에 몇 회 초 몇 회 말의 리듬이 있어 공격과 수비를 할 기회가 공평하게 주어집니다. 축구나 농구, 배구는 이처럼 "자, 이제 공격 시작할 시간입니다"가 없습니다. 야구는 실외 경기장이 훨씬 더 많아 간식의 제약이 덜합니다. 사실 여기까지는 평범한 이유입니다.

가장 큰 이유는 바로 응원 문화가 아닐까 생각합니다. 합창할 때 행복 호르몬 수치는 올라가고 스트레스 호르몬 분비가 감소한다는 연구가 있습니다. 사실 성인이 되고 나서 콘서트장이나 종교적인 장소 말고는 많은 인원이 함께 노래를 부를 일이 별로 없습니다. 그런데 야구장에 가면 선수별로 개인 응원가가 있고 구단을 응원하기 위한 노래도 있습니다. 노래가사 자체가 힘을 실어주는 내용일 뿐만 아니라 그 노래를 몇천 명이 한목소리로 부른다고 생각하면 전율이 흐릅니다. 잠실 야구장의 수용인원은 25,000명입니다. 그 많은 사람들이 같은 노래를 같은 목표를 가지고 에너지를 모아서 부르는 것을 상상하면, 그중에 내가 있다고 생각하면 왜 저렇게 끈끈해지고 애착이 생기는지 쉽게 이해가 갑니다. 집단 소속감이 강해지면서 정서적 안정까지 찾아오는 것이지요. 이러한 지속적인 리듬은 '이 사람들은 내 편이다'라는 확신을 강화하고, 거기서

강한 소속감과 심리적 안전감의 감정이 되살아납니다. 이렇게 혼자가 아닌 우리를 만들어내는 응원 문화가 있기에 야구가 인기가 많을 수밖에 없다고 생각합니다. 혹시 여러분도 야구장 가는 거 좋아하시나요?

10분 리추얼 가이드

- [ ] 나에게 도움을 주었거나 고마움을 느낀 누군가에게 따뜻하게 감사 인사 전하기
- [ ] 가족이나 친구와 웃음과 긍정의 말을 나누는 짧은 시간 의식적으로 만들기
- [ ] 내가 좋아하는 스포츠 종목의 경기장에 가서 함께 응원하며 연결감 느끼기

대화, 식사, 인사
— 관계를 이어주는 작지만 확실한 의식

하루 5분의 대화가 관계를 붙잡아준다

주말 오후, 햄버거를 먹으러 갔습니다. 주말이라 그런지 평소보다 가족 단위로 보이는 사람들이 많아 보였습니다. 기다렸던 음식이 나와서 먹기 시작했을 때 한 가족이 들어와 제 앞에 있던 테이블에 앉는 것을 보았지요. 유치원생으로 보이는 아이 하나, 초등 저학년과 중학년 정도의 아이 둘, 그리고 부모로 이루어진 다섯 명의 가족이었습니다. 아이들이 앉자마자 아빠는 말없이 막내에게 태블릿을 켜서 주었습니다. 나머지 두 아이는 자기 핸드폰을 꺼냈습니다. 키오스크에서 주문을 마치고 돌아온 아빠와 엄마도 핸드폰을 보기 시작했습니다. 그렇게 동그랗게 둘러앉아 각자 자신의 핸드폰 화면에 집중하기 시작했습니다. 이윽고 주문한 음식이 나와서 먹기 시작했는데도 그들의 눈은 핸드폰을 떠나지 않았습니다. 제가 다 먹고 일어설 때까지도 가족들이 대화하는 목소리를 들을 수가 없었습니다.

외식할 때 아이들을 자리에 가만히 앉아 있게 하기 위해 태블릿이나 핸드폰을 보여주는 경우는 많이 보았으나 말 한마디 없는 경우가 흔하지는 않지요. 저도 혼자 밥을 먹을 때는 심심해서 버릇처럼 유튜브나 넷플릭스 등 OTT를 볼 때가 많지만 가족이나 친구, 지인, 동료 등과 함께 먹을 때는 핸드폰 알림이 오면 얼른 확인하는 수준에서 그치고, 긴급한 용무에만 답하는 편입니다. 다들 바쁘게 지내다 보니 함께 있을 때만큼은 그 사람에게 집중하고 대화하려고 하고, 그것이 서로에 대한 예의라고 생각합니다.

가족치료의 창시자인 버지니아 사티어*Virginia Satir*는 가족 내 의사소통 패턴과 자존감 형성에 주목하였습니다. 그녀는 '대화는 관계의 산소'라고 하면서 의사소통이 가족 시스템의 핵심이라고 강조하였습니다. 더불어 가족 구성원 간의 상호작용이 개인의 정신건강에 큰 영향을 미친다고 밝히기도 했습니다. 깊은 대화보다도 중요한 건 짧지만 꾸준한 대화의 리듬이라는 것을 잊지 말아야 하겠습니다. 카네기 멜론 대학의 연구에서도 짧은 일상 대화를 꾸준히 나누는 부부가 스트레스 수준이 낮고 결혼 만족도가 높다고 보고하고 있습니다. 하루가 아무리 복잡해도 잠들기 전에 가족이나 배우자와 최소 5분의 대화를 꼭 나누고 잠들면 좋겠습니다.

함께하는 식사가 만드는 친밀함의 온도

　서은국 교수의 저서 『행복의 기원』에 따르면, 행복이란 사랑하는 사람과 함께 음식을 먹는 일상적 순간에 가장 잘 드러나는 감정입니다. 진화적 관점에서 행복은 생존과 번식의 도구로서 다른 이들과 함께 식사하게 하고, 좋은 인간관계를 유지하여 사회적 유대감을 느끼게 하는 행동을 강화하는 뇌의 보상 시스템입니다. 관계와 일상 측면에서도 가족, 친구, 연인과의 식사는 행복의 가장 중요한 원천으로, 혼자 먹는 것보다 함께할 때 행복감이 극대화된다고 합니다. 그래서 식사는 인간관계에 있어 가장 오래된 리추얼이며 '어떤 사람과 빨리 친해지려면 함께 식사하라', '밥을 함께 먹은 사람만이 내 삶의 안으로 들어온다'라는 말도 있습니다. 옥스퍼드 대학의 연구에서도 정기적인 공동 식사는 신뢰감, 유대감, 행복감을 향상하게 하는 가장 강력한 사회적 활동이라고 발표한 바 있습니다. 코넬 대학의 음식·사회학 연구팀에서는 가족과 함께 먹는 식사는 스트레스 지표를 줄이고 아이·성인 모두에게 정서적 안정감을 주며 신뢰 호르몬(옥시토신)을 증가하게 한다고 보고하였습니다.

코로나 팬데믹 이후로 다시 가족 식탁 리추얼이 증가하고 있으며 이는 정서 안정과 관계 회복에 큰 역할을 하고 있습니다. 미국의 오바마*Barack Obama* 전 대통령은 저녁은 무조건 가족과 함께 먹는 것을 가장 중요한 일상 의식으로 지켰다고 공식 인터뷰에서 밝혔고, 전 축구 선수 데이비드 베컴*David Beckham*은 인터뷰에서 "가족과 한 식탁에 모이는 순간이 가장 소중한 일상"이라고 말하며 꾸준히 실천하고 있다고 말했습니다. 지금까지도 가끔 제 부모님이 이야기하시는 에피소드 중 하나인데요, 초등 저학년쯤 저에게는 아빠와 둘만의 식사 리추얼이 있었습니다. 주말에 한 번씩 아빠는 저를 경양식 돈가스를 파는 식당에 데려가셨는데 자주 앉던 테이블이 특이한 바 형태로 되어 있던 것이 아직도 기억에 생생합니다. 높은 의자에 올라타듯이 앉아 식전에 먹던 크림수프가 별미였습니다. 어린 입맛에 너무나 맛있었고, 바쁘셨던 아빠와 둘만 먹는 것도 좋았습니다. 그 재미에 종종 아빠를 졸랐고 꽤 오래 정기적으로 갔던 기억이 납니다. 크림수프는 지금도 제가 정말 좋아하는 음식 중 하나인데요, 먹을 때마다 그때의 추억이 떠올라 미소 짓게 됩니다. 이렇게 우리는 음식을 나누며 관계를 만들게 됩니다. 사랑하는 사람들과 함께하는 식사는 그 무엇보다 우리를 연결되게 하고 행복하게 만듭니다.

인사의 반복은 '우리는 안전하다'는 신호

어느 날 새벽, 편의점에 단골손님이 유난히 어두운 표정으로 들어섰습니다. 그러고는 평소 잘 구매하지 않던 술을 구매했고, 직원에게 혹시 번개탄을 살 수 있냐고 물었습니다. 불길한 예감이 든 편의점 직원은 손님이 편의점을 나간 후 경찰에 신고했고, 경찰은 그를 신속히 찾아 설득해 귀가 조처했습니다. 이를 두고 정신건강센터 관계자는 "위험 징후를 빠르게 인식하고 행동에 옮기는 시민의 역할이 얼마나 중요한지를 보여준다”라며 “무심코 지나칠 수 있었던 행동이지만, 관심과 대응이 있었기에 생명을 구할 수 있었다”라고 감사의 뜻을 표했습니다.

 달라이 라마도 ‘모든 만남에서 먼저 따뜻한 인사를 건네는 것’을 자신의 일상적 수행으로 언급하며 작은 친절이 세상을 바꾼다고 하였습니다. 아침에 가족들에게 건네는 짧은 인사, 팀원에게 건네는 “고생하셨습니다” 같은 격려 인사는 작아도 관계 안정성을 만드는 핵심적인 리추얼입니다. 인사는 예측 가능성을 부여하고 상대의 존재를 인정하는 중요한 심리적 장치임을 우리는 알아야 합니다. 국제 학술지 『심리 과학』에서는 “짧은 안부 교환조차 인정받는 경험으로 작용해 소속감을 강화한다”라고 분석했고, 브리티시 컬럼비아 대학에서는 친절한 인사와 미소는 상대의 스트레스 호르몬을 낮추고 신뢰도를 높이는 효과가 있다고 발표한 바 있습니다.

 우리 조상들은 아침저녁으로 부모님께 문안 인사를 드렸는데, 자녀들은 아침에 일어나면 세수하고 옷을 단정히 입은 다음 부모가 계신 방을 찾아가 아침인사를 드렸다고 합니다. 저는 매일 저녁 엄마와 문자로 대화합니다. 그날 있던 일이나 날씨, 저녁 메뉴 등등 소재는 사소하지만 서로 별일이 없었는지 확인하고 안전하다는 신호를 나눕니다. 또 저는 매일 오후 2

시 무렵 부모님께 각각 전화를 드립니다. 예전에는 가끔 몇 시간씩 통화했으나 이제는 매일 몇 분이나마 안부를 나눕니다. '매일 전화하면 무슨 할 말이 있을까' 하고 생각하는 사람도 있겠지만 목소리만 들어도 의미가 있더라고요. 리추얼을 알아 갈수록 짧은 인사, 안부와 같은 사소한 반복이 관계의 핵심이라는 것을 깨닫습니다.

10분 리추얼 가이드

- ☐ 함께 식사할 때는 휴대폰을 내려놓고 온전히 대화에 집중하기
- ☐ 누군가와 같이 먹었던 따뜻한 기억의 음식 떠올리며 다시 한번 함께 먹어보기
- ☐ 마주치는 사람에게 따뜻한 마음을 담아 먼저 인사 건네기

함께 반복할 때 쌓이는
관계의 안정감

예측 가능한 행동이 주는 심리적 안정감

우리가 누군가와 함께 있을 때 편안함을 느끼는 순간은 언제일까요? 그 사람이 특별한 말을 하거나 깜짝 이벤트를 준비할 때가 아닙니다. 오히려 '저 사람은 오늘도 어제와 비슷한 방식으로 행동할 것이고, 어떠한 행동은 하지 않는 사람이지'라는 예측 가능성을 느끼는 그 순간 우리는 편안함을 느낍니다. 관계심리학자 에스터 페렐*Esther Perel*은 '예측 가능성은 사랑의 핵심 조건'이라고 말했습니다. 매일 반복되는 작은 행동과 배려하는 말, 그것이 상대에게 '너는 내 삶 속에서 함께하고 있고 그 울타리 안에서 안전해'라고 말해주는 조용하지만 가장 확실한 언어입니다.

심리학의 고전 연구인 메리 에인스워스*Mary Ainsworth*의 애착 이론에서도 이 원리는 똑같이 나타납니다. 양육자의 일관된 반응을 경험한 아이들은 안정 애착을 형성하게 됩니다. 아이가 울 때면 안아주고 기뻐하면 함께 웃어주는 반복적 행동들이 아이에게 '세상은 안전하고 여기는 믿을 만한 곳'이라는 심리적 안정을 안겨줍니다. 흥미로운 것은 이 패턴이 성인이 된 이후의 인간관계에서도 거의 비슷하게 작동한다는 것입니다. 상대가 늘 같은 방식으로 말하고, 갈등 상황에서 비슷한 태도로 대응할 때 우리는 그 사람을 일관된 사람으로 인식하고 마음속에 세워 둔 경계선을 조금씩 내려놓게 됩니다. 혹시 글을 읽으면서 지금 떠오르는 얼굴이 있나요?

〈BBC Future〉는 예측이 가능한 일상적 행동이 파트너와 가족, 팀 관계 전반에 심리적 안정감을 만든다고 보도했습니다. 무엇을 말할지, 어떻게 반응할지, 오늘 하루 관계가 어떤 분위기로 흘러갈지 짐작할 수 있는 것만으로도 우리의 정서는 크게 안정된다고 합니다. 반대로 상대의 감정이 롤러코스터처럼 요동칠 때 우리는 조심스러워지고 자신을 보호하려는 태도를 가지게 됩니다. 요새 '회피형 인간'이라는 단어가 종종 들립니다. 말 그대로 그들은 갈등이나 문제 상황을 피하거나 진심을 말하지 않으며, 책임을 지는 대화를 회피합니다. 이러한 용어가 생겼다는 것은 그러한 사람들 때문에 고통받는 사람이 많아졌다는 것이겠지요. 그래서 관계에서만큼은 작은 반복이 주는 안정감이 더욱 빛납니다. 상대가 오늘도 나를 존중할 것이라는 믿음, 내일도 크게 다르지 않을 것이라는 확신. 이런 미세한 리듬이 쌓여 관계의 긴장을 풀어주고, 결국 '이 사람과 함께라면 괜찮아'라는 평온을 만들어냅니다.

신뢰를 강화하는 가장 확실한 방법

신뢰라는 감정은 활화산처럼 타오르는 게 아니라 가랑비처럼 천천히 스며듭니다. 누군가가 나를 한 번 크게 도와줬다고 해서 단번에 그 사람을 믿게 되지도 않습니다. 매일 비슷한 시간에 안부를 묻는 것, 정한 시간에 늦지 않고 늘 약속을 지키는 것, 힘든 날에도 상대를 향한 최소한의 배려를 잊지 않는 것. 이런 작은 반복들이 쌓이고 쌓여 '이 사람은 믿을 수 있는 사람'이라는 결론에 도달하게 됩니다.

1938년 시작되어 80여 년에 걸친 하버드의 성인 발달 연구는 세계에서 가장 오래된 행복 연구로, 수백 명의 참가자와 그 후손들을 평생 추적하여 삶의 질과 행복의 비결을 탐구했습니다. 연구 결과, 행복을 결정하는 데 가장 중요한 요인은 강한 인간관계임이 밝혀졌습니다. 행복은 단순히 돈이나 성공이 아니라 삶의 만족도, 감정의 균형, 삶의 의미와 목적을 느끼는 데서 비롯됩니다. 따라서 가족, 친구, 연인과의 관계가 건강과 행복에 엄청난 영향을 미칩니다. 연구 시작인 1938년 이후 사회는 극적으로 변했지만, 사람들이 고민하는 핵심 질문들(정체성, 연결, 성취)은 크게 달라지지 않았다고 합니다. 주목할 점은 인간관계의 질과 장기적 행복을 예측하는 가장 강력한 요인은 지속적이고 반복적인 정서 교류였습니다. 즉, 어떤 사람이 나에게 반복적으로 어떤 태도를 보였는지가 신뢰의 핵심이고 이는 행복으로도 연결된다는 뜻입니다.

혹시 주변에서 사람을 손절(손해를 보더라도 적당한 시점에서 매도한다는 뜻을 가진 주식 용어 '손절매'에서 유래)하는 경우를 본 적 있나요? 살펴보면 생각보다 많은 경우에 '약속을 지키지 않아서'라는 이유가 많습니다. 제 지인도 어떤 친구가 약속 시간에 매번 늦고, 심지어는 여럿이 간 여행에 가서도 정해진 시간에 나오지 않아 버스를 놓치는 일도 겪었습니다. 하지만 제대로 된 사과조차 없었고 이처럼 신뢰를 잃는 사례가 누적되어 이제는 연락을 끊었다고 했습니다. 신뢰가 쌓인 관계에서는 불필요한 경계심과 의구심이 사라지고, 서로의 가능성을 더 크게 볼 수 있는 여유가 생깁니다. 혹시 나와 가까운 사람이 편하니까, 혹은 잘 이해해 주니까 다른 사람들과의 약속보다 더 쉽게 깨거나 미루거나 하는 일은 없길 바랍니다. 관계를 지탱하는 힘은 함께하는 작은 반복에서 나옵니다.

같은 리듬 속에 있을 때

누군가와 함께 있을 때 설명하기 어려운 편안함을 느끼는 순간이 있습니다. 말이 잘 통해서도, 취향이 같은 경우도 아니지만 상대와 나의 호흡이 비슷하게 흘러가고, 감정의 속도가 자연스럽게 맞아떨어지는 순간. 바로 리듬의 힘입니다. 우리는 말만을 주고받는 게 아니라 서로의 움직임과 감정의 흐름에 반응하여 동기화되는 존재입니다. 같은 박자에 있을 때 어느 때보다도 깊은 안정감을 느끼게 되는 순간, 느껴보셨나요?

평소 차분한 성격의 지인은 그동안 여러 운동을 시도했지만 금세 흥미를 잃었다고 합니다. 그러다 몇 해 전부터 꾸준히 즐기게 된 운동이 있는데 그것은 바로 스피닝이었습니다. 스피닝은 실내에서 빠르고 신나는 음악의 박자에 맞춰 자전거 페달을 밟는 유산소 운동입니다. 언뜻 격렬해 보이는 운동이라 어떻게 재미를 붙이셨냐고 물었더니 강사님의 수업과 잘 맞는다는 답변이 돌아왔습니다. 잘 가르쳐주시기도 하고 왠지 모르게 그분과 잘 맞는다는 생각이 들어서 다른 강사의 수업을 들어봐도 결국 돌아온다는 것입니다. 그래서 이번에 체육관 시간표가 바뀌는데 본인의 시간과 맞을지 걱정하고 계셨습니다. 시간이 흐른 후 다시 그분과 대화할 기회가 있었습니다. 이런저런 이야기를 하다 요새 운동은 어떠시냐고 물었더니 스피닝 시간표가 바뀌어서 다른 강사님에게 배우고 있는데 도통 적응이 잘 안 된다는 것입니다. 신나게 운동하고 오면 스트레스가 확 풀리는데 그게 잘 안 되니 아쉽다고 하시면서 다음 분기에는 근무 시간표를 조정해서 예전 강사님에게 수강하겠다고 하더군요. 이게 그럴 정도인가 싶지만 사실 우리 모두에게는 각자에게 맞는 리듬이 있고, 그게 반복이 되어 익숙해지면 바꾸기가 힘들다는 것을 다들 경험을 통해서 잘 알고 있습니다. 그리고 그 리듬을 함께 하는 사람들하고는 더더욱 끈끈해진다는 것을요.

결국 인간의 편안함은 너와 나의 세계가 동시에 박자를 맞추는 순간에 찾아옵니다. 서로 다른 리듬 속에서는 끊임없이 조율과 해석이 필요하고, 그만큼 에너지가 소모됩니다. 하지만 같은 리듬에 들어가면 관계는 자연스럽고 부드럽게 흐르고 마음의 갑옷을 풀고 있을 수 있는 공간이 생깁니다. 우리는 혼자보다 함께 있을 때 더 강해지는 존재이며, 그 중심에는 언제나 공유된 리듬의 안정감이 흐르고 있습니다.

10분 리추얼 가이드

☐ 내가 너무 쉽게 약속을 미루거나 깨지는 않았는지 차분히 돌아보기

☐ 나에게 한결같이 곁을 지켜준 사람 한 명 떠올리며 고마움 충만하게 느끼기

☐ 좋아하는 운동 속에서 나를 움직이게 하는 고유의 리듬 떠올려보기

오래가는 관계의 공식
=시간×반복×진심

오래 알고 지낸 사람이 꼭 오래가는 관계가 되는 것은 아닙니다. 같은 공간에 오래 머물렀다고 해서 친밀해지는 것도 아닙니다. 우리가 누군가와 관계를 깊게 만드는 것은 결국 '그 시간을 어떻게 함께 보냈는지'에 따릅니다. 미주리 대학의 연구에 따르면 친밀한 관계일수록 공동 경험의 빈도와 강도가 높았으며 이는 장기적 관계 만족도를 예측하는 중요한 요소였습니다. 즉 함께 겪은 경험은 기억을 만들고, 기억은 관계를 만듭니다. 이 진실을 가장 잘 보여주는 예는 바로 가족과 친구의 관계입니다. 어떤 가족은 하루 종일 집에 함께 있어도 서로를 잘 모릅니다. 반면, 가끔 함께 하는 한 끼의 식사만으로도 그 누구보다 친밀하고 깊이 이해하는 가족도 있습니다. 결국 관계는 시간이 흘렀다는 이유로 가까워지는 것이 아니라, 그 시간 안에서 서로를 얼마나 진심으로 대했느냐에 따라 달라집니다. '같이 있음'이 아니라 '함께함'이 중요하지요.

〈몬스터 대학교*Monsters University*〉라는 애니메이션을 보셨나요? 이론만 빠삭한 '열공 몬스터' 마이크와 무늬만 엄친아 '허세 몬스터' 설리는 '몬스터 주식회사' 입사의 꿈을 안고 '몬스터 대학교'에 입학하게 됩니다. 하지만 성격도 재능도 정반대인 둘은 첫날부터 삐걱거리며 급기야는 최악의 라이벌이 되고야 마는데요, 어느 날 일어난 엄청난 사건으로 둘은 어쩔 수 없이 팀을 이루게 되어 다른 팀원들과도 함께 협동하고 도전하는 여러 일들을 거치면서 조금씩 우정을 쌓아갑니다. 그러던 중 둘은 서로의 힘든 점을 토로하면서 진심을 이야기합니다. "왜 전에는 이런 이야기를 해주지 않았어?"라는 마이크의 질문에 설리는 대답합니다. "그땐 친구가 아니었으니까."

누구나 이와 비슷한 경험이 있을 거라 봅니다. 같은 공간에서 하루 종일 함께 공부하거나 근무하는 사이더라도 함께한 경험의 밀도에 따라 친구가 될 수도, 아닐 수도 있지요. 우리는 모두 하루 24시간 똑같이 한정된 시간을 가지고 살아갑니다. 그래서 더욱 중요한 것은 시간을 '얼마나'가 아니라 '어떻게 나누나'입니다. 서로에게 온전히 집중하는 10분은, 마음 없이 흘려보낸 1시간보다 훨씬 깊은 관계의 흔적을 남깁니다.

오래가는 관계의 세 가지 조건

오래가는 관계의 조건 중 첫째는 일단 밀도 있는 '시간'입니다. 제가 정말 좋아하는 언니 동생, 형님 아우 사이의 분들이 있습니다. 처음에는 동료로 만나 일 이야기를 하면서 가까워졌으나 이제는 가끔 여행도 가고 서로의 일상 이야기와 고민을 털어놓을 정도로 끈끈해졌습니다. 다 같이 근무한 지 3년 정도 되었을 때 한 명 한 명 다른 지역으로 가게 되어서 뿔뿔이 흩어지게 되었지만, 10여 년이 지난 지금도 꾸준히 두세 달에 한 번은 꼭 만나서 회포를 풉니다. 따지고 보면 일 년에 많아야 네댓 번 만나는 것이지만 만나는 날의 몇 시간은 그 어느 때보다 밀도 있는 대화를 하고 감정을 나눕니다. 제게 정말 소중한 힐링의 시간이지요.

오래가는 관계의 두 번째 조건은 '반복'입니다. 저는 사람들과 교류하고 배우는 걸 좋아해 특히 독서와 음악 관련해서는 대학 졸업 이래로 꾸준히 정기 모임에 참여하고 있습니다. 요새 열심히 나가고 있는 독서 모임은 두 곳인데 둘 다 4년 정도 되어가고 있네요. 모임에 나오시는 분들과 만날수록 친밀해지고 깊어지는 깨달음을 나눌 수가 있어서 행복합니다. 그리고 저는 예전부터 음악감상실을 찾아다니곤 했는데, 좋은 음향 시설로 제대로 감상도 할 수 있고 가서 만나는 분들이 참 좋고 배우는 점이 정말 많기 때문입니다. 지금 다니는 곳은 이제 10년이 넘어가는데요, 처음에는 당연히 모든 게 낯설었습니다. 자주 가지는 못해도 저에게 있어 단단하게 빛나는 오랜 큰 나무 같은 존재가 되어주셔서 갈 때마다 항상 반갑고 감사합니다.

마지막으로, '진심'이 오래가는 관계의 조건입니다. 말이 필요 없는 사이가 있습니다. 눈빛이나 표정만으로 통하는 사이, 또 늘 하던 얘기 또 해도 백이면 백 웃음이 터져 나오는 사이, 오랜만에 보아도 어제 만난 듯 편안한 사이. 바로 진심이 통하는 사이죠. 세월이 갈수록 이런 사이는 정말 귀하고 만나기 쉽지 않습니다. 특히 나이를 먹을수록 자신의 진짜 모습을 보여주고 나의 마음을 진실로 드러내기란 어렵습니다. 행복한 삶의 문을 여는 열쇠 중 하나는 바로 오래가는 관계입니다. 이를 위해 '시간×반복×진심'으로 연결된 함께하는 리추얼을 실천하면 좋겠습니다. 세 개 중 하나씩 시작해볼까요?

진심은 말보다 느리지만 결국 가장 멀리 간다

진심은 빠르게 드러나지 않습니다. 화려한 말처럼 즉각적인 효과를 주지도 않습니다. 그래서 많은 사람들이 진심을 과소평가하거나, 당장 눈에 보이는 이익만을 기준으로 하는 실수를 하고 맙니다. 하지만 인간관계에서 가장 오래 남는 힘은 결국 말보다 느리게 움직이는 진심입니다. 조지아 대학 연구에 따르면 장기적 관계 만족도를 결정하는 핵심 요소는 진정성이며, 이는 시간이 지날수록 더 강력한 신뢰의 기반이 된다고 합니다.

얼마 전 지인이 공연 티켓이 생겼다며 함께 가자고 하더군요. 오랜만에 밴드음악을 들을 기회가 주어진 셈이라 굉장히 고맙고 신선했습니다. 그렇게 기대를 품고 도착한 공연장에서 20대 중후반으로 보이는 2인조 포크 음악 밴드 "산만한시선"

을 볼 수 있었습니다. 그들은 20대 초반 치킨집에서 일하며 처음 만났다고 합니다. 두 분 다 기타를 치며 노래하는데 곡과 곡 사이에 같이 일하면서 경험했던 이야기, 함께 쌓아온 역사를 이야기하더군요. 그때마다 굉장히 행복해 보였습니다. 일 끝나고 맥주 한잔 기울이면서 자신이 하고 싶은 음악에 대해 열변을 토하고 의기투합했을 거 같은 그때의 모습이 겹쳐 보였지요. 그러면서 한 분이 농담조로 하는 말이 일하면서 배운 것 중 하나는 그릇에 치킨 무를 예쁘게 담는 거였다 합니다. 그 말을 하자마자 다른 한 분이 저항 없이 웃음을 터트리는 걸 보고 '저 두 사람은 전우애, 서로에 대한 진정성이 마음 깊이 새겨졌겠구나' 하는 생각이 들었습니다. 누가 와도 대체할 수 없는 서로가 된 것이겠죠. 그러면서도 음악적인 부분에서는 서로가 냉철하게 조언하고 인정하는 모습이 참 인상 깊었습니다. 그렇게 눈에 잘 보이지는 않아도 한 장 한 장 쌓인 진정성이라는 종이의 무게가 바람에 날리지 않는 책 한 권을 이루게 되는 것이지요. 취업에 고민 많은 20대로서 음악 시작했을 때 쉽지 않은 선택이었을 텐데 꾸준히 진심과 진정성을 쌓고 많은 사랑을 받고 있어 좋아 보였습니다.

이렇게 우리 삶에서 중요한 것은 빠르게 눈에 띄는 무엇이 아니라, 꾸준히 변하지 않는 무엇이라고 봅니다. 진심은 그

꾸준함의 핵심입니다. 느려도 괜찮습니다. 진심은 결국 가장
멀리 가서 가장 오래 남는 방식이니까요.

10분 리추얼 가이드

- ☐ 소중한 사람과 스마트폰 없이 서로에게만 집중하는 10분의 시
  간 만들기
- ☐ 내 삶을 함께 걸어가는 주기적으로 만나는 사람들 떠올리며 감
  사함 느끼기
- ☐ 가끔 만나지만 마음이 이어진 사람 떠올리며 다시 만날 작은
  계획 세워보기

일의 리듬은
혼자 만들 수 없다

혼자보다 함께할 때 일이 더 잘 풀리는 과학

우리는 보통 혼자 집중해야 일이 잘 된다고 믿습니다. 누구에게도 방해받지 않는 환경, 나만의 속도, 완벽하게 통제가 가능한 일정이 생산성을 높인다고 많이들 생각합니다. 그래서 저도 창문을 닫아 외부 소음을 차단하고 누군가가 보고 있지 않은 상황이라고 스스로 판단이 들 때 글을 쓸 때가 많았습니다. 하지만 아이러니하게도 많은 연구는 일의 흐름과 지속성은 혼자보다 함께할 때 더 안정적으로 만들어진다는 사실을 보여줍니다. 인간은 본질적으로 사회적 존재이며, 우리의 뇌는 타인과의 상호작용 속에서 더 잘 깨어납니다.

스탠퍼드 대학의 행동과학 연구에 따르면 사람들은 누군가와 같은 목표를 공유하고 있다는 인식만으로도 과제에 더 오래 집중하고 포기 확률이 낮아집니다. 꼭 직접적인 협업이 아니더라도 '함께하고 있다'라는 감각이 동기를 부여하고 책임감을 끌어올리는 것입니다. MIT 인간역학 연구소도 성과가 높은 팀의 공통점으로 리듬이 존재하는 소통 패턴을 꼽았습니다. 잘 되는 팀은 각자의 능력이 뛰어나서가 아니라 대화의 주기와 일의 박자가 자연스럽게 맞아 있었습니다.

천변을 따라서 달린다고 상상해봅시다. 운동화 끈을 단단히 묶고 달리기 시작했는데 얼마나 오래 달릴 수 있을까요? 혼자 뛰면 사실 조금만 힘들어도 포기하기 쉽고 금방 지치게 됩니다. 하지만 친구와 함께 달리면 서로 응원을 주고받으며 그만하고 싶은 순간이 오더라도 다시 힘을 낼 가능성이 훨씬 더 큽니다. 그래서 저도 헬스장에서 운동할 때 친구가 옆에서 숫자를 세주거나 지켜보고 있으면 혼자 할 때보다 힘이 더 나서 평소보다 무거운 무게도 들 수가 있더라고요. 혼자 일하면 단기간에 몰입할 수는 있겠지만, 방향을 잃기 쉽고 감정의 기복도

커집니다. 반면 누군가와 함께 일하면 나의 리듬이 흐트러질 때 상대의 존재가 다시 중심을 잡아줍니다. 서로의 시작과 멈춤, 집중과 휴식이 자연스럽게 맞물리면서 일은 혼자일 때보다 덜 흔들리며 앞으로 나아갑니다. 저도 혼자 쓸 때보다 함께 쓰고 있다는 동료 작가분들이 있다는 감각이 있을 때 훨씬 오래 그리고 좋은 글을 쓸 수 있었습니다. 일이 잘 풀린다는 것은 항상 빠르다는 뜻이 아니라 멈추지 않고, 무너지지 않고, 다시 뛰어들 수 있다는 의미와 가깝습니다.

작은 회의와 짧은 체크인의 힘

〈토이 스토리*Toy Story*〉, 〈인사이드아웃*Inside Out*〉 등 뛰어난 작품으로 세계에서 제일 영향력 있는 CG 애니메이션 제작사로 평가받는 픽사 스튜디오의 '브레인 트러스트'와 '데일리 리뷰' 시스템을 소개합니다. '브레인 트러스트'는 최상급 감독 9명으로 구성됩니다. 어떤 감독과 프로듀서든 '브레인 트러스트'를 포함, 도움을 요청하는 직원이면 누구에게든 피드백을 받을 수 있습니다. 순서는 일단 현재 작업 버전의 영상을 감상합니다. 그리고 두 시간 정도 토론이 이어지는데 특정 부분의 비판이 아닌 서로에 대한 존경심과 신뢰, 예의를 바탕으로 더 나은 작품을 만들기 위한 제안 위주입니다. 모든 조언은 작품을 위한 열정이지 사적인 감정이 아니라는 전제를 두고 토론 후 감독과 제작진은 이를 받아들일지 말지 시간을 두고 결정합니다. '브레인 트러스트'는 작품에 대한 아무런 권한과 책임이 없어 자유롭게 의견을 제시합니다. 온전히 발전을 위한 피드백일 뿐 어떠한 강제성도 없다는 것을 모두에게 주지시킨 후 엄청난 효과를 발휘했다고 합니다. 문제가 생길 때면 언제나 조언을 구할 수 있는 장인들로 구성된 검증된 마스터 커뮤니티가 사내에 존재하는 것을 상상해보기 바랍니다.

'데일리 리뷰'는 하루 10분 정도 팀원들이 작업 상황을 공유하는 리추얼입니다. 팀원들은 완성되지 않은 작업물을 공개하는 과정과 당혹감에 익숙해지고 나면 훨씬 더 창의적으로 변한다고 합니다. 모든 걸 나 혼자 고민할 필요가 없다는 걸 깨닫고, 내일 또 피드백을 받을 수 있다는 것을 알기에 팀원들은 오히려 더 자유롭고 가벼운 마음으로 다양한 시도를 하게 됩니다. 리더들은 의도를 반복 전달함으로써 팀의 방향성을 잃지 않게 하지요. 이를 통해 다른 팀원들의 장점을 배우고 때로는 다른 이들을 감동하게 하는 법까지 알게 되어 개개인이 성장하고 작품도 나아지게 됩니다. 또, 창작자나 작업자들은 경쟁심이나 완벽주의로 인해 자신의 기준에 도달할 때까지 공개를 꺼리는 경향이 있습니다. 하지만 감독이 판단하기에 작품의 흐름에 맞지 않다고 판단되면 결과물을 사용할 수가 없어 시간과 노력의 낭비가 되는데, 이런 참사를 막아주는 유용한 시스템입니다.

이렇게 함께 일한다는 것은 곧 리듬을 공유하는 일임이 실제 조직과 창작 현장에서 반복해서 증명되고 있습니다. 서로의 리듬이 맞물릴 때, 일은 혼자 할 때보다 덜 고립되고, 덜 소진되며, 더 오래 지속됩니다.

서로의 속도를 맞출 때

팀이 무너지는 이유는 실력 부족 때문이 아닙니다. 각자의 속도 차이를 조율하지 못해서입니다. 누군가는 너무 빠르고, 누군가는 따라가기에도 벅찹니다. 이 간극이 해소되지 못하고 쌓이면 피로와 오해가 생기고, 결국 협업은 삐걱거리게 됩니다. 〈뉴욕 타임즈〉는 속도·리듬·빈도를 맞추는 팀이 문제 해결 속도와 단결력이 뛰어나다고 보도한 바 있습니다. 결국 좋은 팀은 가장 빠른 팀이 아니라 끝까지 함께 같은 속도로 갈 수 있는 팀입니다.

1. 함께 일하는 리듬을 만들고 있는가?

    ☐ 혼자 몰아서 일하는 구조보다, 누군가와 흐름을 공유하는 구간이 있다.

    ☐ 오늘 내가 하는 일이 팀의 어디쯤 연결되어 있는지 안다.

    ☐ 최소 하루 한 번, 팀원과 짧은 상태를 공유한다.

    ☐ "지금 어디까지 왔어요?"라는 질문이 부담스럽지 않다.

    ☐ 일할 때 함께 책임감이 커지되, 감시받는 느낌은 들지 않는다

→ 체크가 많을수록 '혼자가 아닌 함께 만드는 리듬' 위에서 일하고 있다는 신호입니다.

2. 짧고 반복되는 체크인이 있는가?

    ☐ 매일 또는 정기적으로 10분 내외의 짧은 미팅이 있다.

    ☐ 회의는 보고가 아니라 방향 정렬에 초점이 맞춰져 있다.

    ☐ 오늘의 핵심 한 가지를 공유하는 시간이 있다.

    ☐ 말하지 못한 작은 문제를 꺼낼 수 있는 분위기가 조성되

어 있다.

    □ 회의가 끝난 뒤 다음에 할 행동이 명확해진다.

→ 작은 회의는 시간을 빼앗지 않습니다. 혼란을 줄이고 에너지를 아껴줍니다.

3. 팀의 속도를 의식적으로 맞추고 있는가?

    □ 팀에서 가장 빠른 사람의 속도가 기준이 되지 않는다.

    □ 일정이 촉박할수록 중간점검 시점을 명확히 한다.

    □ 지연되면 숨기지 않고 빠르게 공유한다.

    □ 서로의 업무 속도 차이를 문제보다 특성으로 인식한다.

    □ 속도를 맞추는 것이 느려지는 게 아니라 오래가는 선택이라는 데 공감한다.

→ 잘 맞는 팀은 빨라서가 아니라 지치지 않고 끝까지 갑니다.

4. 나 개인은 팀의 리듬에 어떤 영향을 주고 있는가?

    □ 내 일정 변경이 팀에 미치는 영향을 인식하고 있다.

    □ 나의 답변·피드백의 속도와 톤이 일관적이다.

    □ 바쁠 때일수록 기본적인 리듬(인사, 공유, 확인)을 놓치지 않는다.

    □ 혼자 해결하려다 막히면 적절한 시점에 도움을 요청한다.

☐ 내가 만드는 리듬이 팀을 안정시키는지 흔드는지 한 번
쯤 돌아본다.

→ 리듬은 팀이 만들지만, 그 출발점은 언제나 개개인입니다.

10분 리추얼 가이드

☐ 함께라서 더 오래 이어갈 수 있었던 경험 하나 떠올려보기

☐ 혼자라서 어려운 일이 있다면 함께할 사람을 찾거나 작은 모임
만들어보기

☐ 일의 흐름을 더 부드럽게 만들기 위해 나만의 작업 리듬 조율
하는 방법 떠올리기

같은 방향으로
걸어가는 사람이 주는 힘

함께 걷는다는 감각이 주는 심리적 지지

세계에서 가장 앞선다는 군대들도 행진과 같은 구식 훈련을 그만두지 않고 계속하는 이유는 뭘까요? 역사가 윌리엄 맥닐 *William H. McNeill*은 저서 『일치단결*Keeping Together in Time*』에서 이렇게 말하고 있습니다. 그는 2차 세계대전 당시 미군에 입대해 포병으로 근무한 참전용사였습니다. 1941년 그가 기초훈련을 받기 위해 도착한 텍사스 기지에서는 한 달이 넘도록 전투복이 한 벌밖에 지급되지 않았을 정도로 물품이 매우 부족했고, 훈련받을 때 필요한 대공포(공중의 표적을 공격하기 위한 목적으로 개발된 화포)도 대대 전체에 하나밖에 없었다고 합니다. 그래서 남는 시간을 유용하게 보낼 훈련들이 필요했는데 맥닐의 훈련 장교들은 달리 할 수 있는 게 없어 병사들을 몇 시간씩 밀집된 대형으로 이리저리 행군하게 했습니다. 더운 날씨에 목표도 없는 행군이 그 자체가 목적이 되어 당시 이리저리 동료들과 행군하던 맥닐은 '이보다 더 쓸모없는 훈련은 상상할 수도 없겠다'라고 생각했습니다.

그러나 땀을 흘리며 행군하던 맥닐과 그 동료 병사들의 생각이 바뀌기 시작했습니다. "장시간 한마음으로 행군하면서 생기는 감정을 말로 다 표현하기 어렵다. 형언하기 어려운 행복감이 온몸으로 스며들다가 다시 퍼져나간다고 할까. 더 구체적으로 말하면 나라는 존재가 점점 더 커지고 부풀어 올라 생명체보다 더 큰 존재가 된 거 같았다"라고 맥닐은 기술하고 있습니다. 함께 행군하며 분명 본능적인 뭔가가 작동함을 느꼈고 그것이 인간의 역사에서 언어보다도 훨씬 더 오래되고 결정적인 역할을 한다는 결론을 내렸다고 합니다. 박자에 맞춰 함께 큰 근육을 움직이며 구호를 외치고 노래를 부르거나 하면 함께 결속되는 본능적인 느낌을 받는 것이죠. 그는 이것을 근육적 결속*musclar bonding*이라고 불렀습니다.

옥스퍼드 대학의 2012년 연구에서는 공동 리듬 활동(걷기, 박자 맞추기, 함께 움직이기)은 엔도르핀 분비를 증가시켜 심리적 지지와 결속감을 강화함을 확인한 바 있습니다. 〈뉴욕 타임즈〉는 함께 걷는 행위가 대화보다도 더 강력한 정서적 안정 효과를 가질 수 있다고 보도했습니다. 저도 누군가와 나란히 산책할 때 스트레스, 불안, 고립감이 완화되는 느낌을 종종 받곤 합니다. 여러분도 혹시 산책을 좋아하신다면 일주일에 한 번은 꼭 누군가와 함께 걷는 산책을 하는 리추얼 어떨까요?

속도가 아니라 방향이 관계를 결정한다

코로나 팬데믹이 본격적으로 시작되던 2020년, 5인 이상 인원 집합이 금지되고 일상 대부분이 비대면으로 이루어지던 때가 있었습니다. 그때 저는 헬스와 필라테스를 하고 있었는데 집합이 금지되었을뿐더러 당시에는 사람들이 많은 곳에 가는 상황 자체가 꺼려져 어쩔 수 없이 그만둘 수밖에 없었지요. 그러던 어느 날 인터넷을 하다가 각자 운동하고 나서 사진이든 글이든 함께 인증하자고 제안하는 게시물을 보았습니다. 사람들과의 소통과 교류가 아쉬웠고, 답답함을 느끼고 있었는데 솔깃했습니다. 메신저에서 모여 정보를 공유하고, 운동을 했다는 인증도 하면 나 혼자서도 시들해지지 않고 꾸준히 할 수 있겠다 싶었습니다. 그렇게 처음에는 열 명 정도가 모여서 각자 운동을 인증했습니다. 서로에게 격려와 응원을 아끼지 않아 힘이 많이 되었고 에너지를 주고받았던 기억이 생생합니다. 함께 아이디어를 내어 모임에 의미 있는 이름도 붙여 애정이 생겼고요.

 등산, 헬스, 수영, snpe, 풋살, 러닝, 골프, 테니스, 배드민턴, 클라이밍, 자전거, 발레, 필라테스 등등 참여자들이 하는 운동은 꽤 다양해서 자극도 많이 되었습니다. 참여자들은 매트나 기구 등 인증 사진과 글 그리고 운동에 대한 지식을 적극적으로 공유하였습니다. 그뿐만 아니라 식단과 영양제, 부상 시 대처법 등 여러 건강 정보를 주고받았는데 그런 과정이 너무나 즐거웠고 처음 알게 된 정보들도 많아 유익했습니다. 무엇보다 함께 하는 사람들이 있으니 든든했고 혼자 운동해도 함께하는 것같이 외롭지가 않았습니다. 그러다 팬데믹 상황이 조금 잠잠해지고 드디어 실제로 모이게 되었는데 신기하게도 그리 어색하지가 않더라고요. 그 인연이 지금까지 이어지고 있습니다. 외국에 거주하는 분도 계시고 한국 안에서도 지역이 달라 모이기 쉽지 않아 오프라인에서의 만남은 한두 해에 한 번 정도지만 여전히 돈독합니다. 지금도 여섯 명이 남아서 계속 소통하고 있고 이제는 일상의 조언을 구하는 사이가 되었습니다. 작가 알랭 드 보통이 남긴 "관계는 같은 속도로 가는 게 아니라, 같은 곳을 바라보며 시작된다"라는 말과 같이, 같은 곳을 바라보는 이 잔잔한 운동 모임이 저에게는 굉장히 소중합니다.

끝까지 남는 사람은 늘 같은 방향에 있다

얼마 전 넷플릭스에서 〈피지컬: 아시아〉를 흥미롭게 시청했습니다. 8개국의 각 나라를 대표하는 최강 체육인들이 모여서 국가의 명예를 걸고 대결하는 내용이었습니다. 제작진이 고안한 다양한 활동을 통해 힘과 지구력, 협력, 인내심, 투지, 균형, 전략 등을 겨루는데요, '인간이 이렇게까지 버티고 협동할 수 있구나'를 느낄 수 있는 대단한 장면들을 볼 수 있었습니다.

여섯 명씩으로 구성된 8개 팀의 각 선수는 자신의 직업에 따라 잘하는 부분, 취약한 부분을 다르게 가지고 있습니다. 따라서 혼자만 잘해서는 다른 팀보다 좋은 결과를 낼 수가 없습니다. 자기 몫을 다하되, 다른 팀원이 가진 능력과 합쳐 더 큰 시너지를 발휘해야 하지요. 여섯 명이 모여 한마음이 되면 그들의 총합 에너지는 여섯 그 이상으로 증가합니다. 하지만 힘이 제대로 모이지 않거나 전략에 실패하면 총합 에너지는 여섯보다 줄어들게 됩니다. 극한으로 몰아붙이는 대결에서 버티기 힘들어지는 순간이 옵니다. 한계에 다다르고 포기하고 싶어질 때마다 선수들은 팀원들이 자기의 이름을 부르고 응원하는 소리를 들을 때 소진되어버린 줄 알았던 힘이 다시금 솟아남을 느꼈다고 합니다. 자신이 실수할 때면 팀원들을 실망하게 해 미안함을 감추지 못하고, 반대로 팀에 도움이 될 때 가장 커다란 기쁨을 보입니다.

8개국의 팀이 겨루다 하나씩 탈락하는 국가가 결정되면 소감을 남기고 떠나야만 하는데요, 그 인터뷰들이 굉장히 인상 깊었습니다. 그들의 공통적인 말은 "혼자가 아니라는 것을 처음으로 느낀 순간들이었다", "팀원들과 함께할 수 있어 영광이었고 우리 팀, 나의 국가가 눈물 나도록 자랑스럽다", "동료를 넘어 가족 같은 기분이다" 등 같은 목표를 향해서 걸어갔던 사람에 대한 애정이 듬뿍 묻어났습니다. 함께 무거운 쇳덩이를 등에 메고 걸어가야 할 때 휘청이지 않고 버텨서 앞으로 나아가려면 어떻게 해야 할까요? 정답은 다 같이 같은 순간 힘을 내는 것입니다. 아리스토텔레스도 말했죠. "전체는 부분의 합보다 크다"라고요, 여러 사람이 동시에 힘을 모아 분산된 에너지를 모으는 짜릿함, 일상 리추얼로도 느꼈으면 좋겠습니다.

10분 리추얼 가이드

☐ 누군가와 나란히 걸으며 같은 리듬을 느끼는 산책이나 운동 시간 만들기

☐ 마음에 남아 있던 궁금한 주제와 관련된 모임이나 커뮤니티 찾아보기

☐ 함께 일하며 좋은 결과를 만들었던 경험 떠올리고 그 속에서 배울 점 정리하기

나눔은 결국
삶의 증거다

EBS 다큐멘터리에서도 다루었던 1988년 하버드 의대의 두 실험을 소개합니다. 첫 번째 실험에서는 학생들을 돈 받고 하는 노동에 참여한 그룹과 봉사에 참여하는 그룹으로 나누었습니다. 활동 후 체내 면역기능 변화를 검사한 결과 봉사활동에 참여한 그룹에서만 학생들의 면역력이 더 높아졌고 유해 병균을 물리치는 항생물질이 생겼습니다. 두 번째 실험에서는 학생들에게 평생 가난한 이들을 돌보다 세상을 떠난 테레사 수녀(1979년 노벨평화상 수상)의 삶을 다룬 영상을 시청하게 했습니다. 영상이 끝난 후 측정 결과, 영상을 보기 전보다 학생들의 면역 항체의 수치가 훨씬 더 높아진 것을 확인할 수 있었습니다. 이 두 실험을 통해 증명된 놀라운 사실은 직접 나누거나 혹은 남의 나눔을 보는 것만으로도 인체의 면역력은 높아진다는 것입니다. 이것이 바로 우리가 알고 있는 '마더 테레사*Mother Teresa*' 효과입니다.

앨런 룩스*Allan Luks*의 저서 『선행의 치유력*The Healing of Doing Goods*』에서 언급한 '헬퍼스 하이*Helper's high*'라는 용어도 있습니다. 마라톤 선수들이 경험하는 러너스 하이*Runner's high*와 비슷한 말인데요, '러너스 하이'란 장시간 달리기를 지속했을 때 찾아오는 고조된 기분 상태를 뜻합니다. 학자들은 뇌에서 분비되는 엔도르핀 등을 그 이유로 추정하는데요, 남을 돕거나 무언가를 나눌 때도 엔도르핀은 평소 상태보다 세 배로 증가한다고 합니다. 그래서 일주일에 8시간 이상 자원봉사를 하는 사람 3,000명 중 95퍼센트가 헬퍼스 하이를 경험했다고 합니다. 며칠이 넘게 지속되는 심리적 만족감으로 몸과 마음은 더욱 건강해지기에, 나눔은 남을 위하는 것만이 아니라 나를 위하는 일입니다.

나눔을 나의 리추얼로 만든다는 건 나를 희생하겠다는 선언이 아니라 오히려 나의 평범한 하루에 특별하고 건강한 의미의 닻을 내리는 행동입니다. 거창한 기부만이 나눔이 아닙니다. 따뜻한 마음을 담아 묻는 안부, 만나면 먼저 인사하는 습관, 하루를 응원하는 다정한 말 한마디. 이 사소한 나눔은 따뜻한 관계를 만들어 삶을 지탱합니다. 결국 나눔은 타인을 위한 행동이 아니라, 나를 다시 인간답고 행복하게 만드는 가장 현실적인 리추얼입니다.

줄 수 있을 때 관계는 비로소 살아난다

여러분에게 만 원은 얼마만큼의 가치를 지니고 있나요? 중고서점에 가서 책 한 권을 골라 살 수도 있고 카페에 가서 커피 한 잔과 쿠키를 즐길 수도 있습니다만, 더욱 가치 있게 쓰는 방안 하나를 소개하고자 합니다. 〈연합뉴스〉에 "익산 '붕어빵 아저씨' 올해도 365만 원 기탁—14년째 선행"이라는 기사가 실렸는데요, 이 붕어빵 아저씨는 원광대학교 근처에서 붕어빵 가게를 운영하며 매일 만 원씩 모아 연말 이웃돕기를 꾸준히 해왔습니다. 그는 작은 정성이지만 이웃들에게 받은 사랑을 돌려드리고 싶었다고 인터뷰에서 밝혔습니다. 하루에 만 원, 누군가에게는 큰돈이 아닐 수도 있지만 정말 아무나 할 수 있는 일이 아니지요. 한 달에 단돈 천 원이라도 도움이 절실하게 필요한 사람을 위해 써보는 경험을 해보면 어떨까요?

꼭 금전이 아니어도 우리가 나눔과 베풂을 실천할 방법은 많습니다. 한 행인이 붓다에게 물었습니다. "저는 하는 일마다 제대로 되는 일이 없으니 무슨 이유입니까?"

붓다: "네가 남에게 베풀지 않았기 때문이니라."
행인: "저는 남에게 줄 것이 없는, 아무것도 가진 게 없는 빈털터리입니다."
붓다: "그렇지 않다. 아무리 재산이 없더라도 줄 수 있는 일곱 가지가 있는데 그것은 누구에게나 다 있는 것이니라."

그러고서 붓다는 무재칠시無財七施(재물이 없어도 베풀 수 있는 일곱 가지)의 가르침을 전하고 "이 일곱 가지를 행하여 습관으로 들인다면 너에게 행운이 따르리라"라고 덧붙였습니다.

첫째, 환한 얼굴로 정답게 남을 대하기

둘째, 사랑·칭찬·위로·격려의 말하기

셋째, 따뜻한 마음을 주기

넷째, 다정하고 부드러운 눈빛으로 바라보기

다섯째, 짐을 들어주는 등 행동으로 도와주기

여섯째, 자리를 양보하기

일곱째, 묻지 않고 상대의 마음을 헤아려 도와주기

생각해보면 이 일곱 가지는 누구나 베풀 수 있는 일입니다. 안네 프랑크*Annelies Marie Anne Frank*는 "우리는 충분해서 주는 게 아니라, 주면서 충분해진다"라는 말을 남겼습니다. 이 일곱 가지를 요일별로 하나씩 정해서 실천하는 리추얼을 추천합니다. 타인과 연결될 때, 그리고 우리가 나눔을 실천할 때 우리의 심리적 회복은 시작됩니다.

나눔이 남긴 흔적이 관계를 증명한다

우리는 나눔과 봉사를 여유가 있는 사람들의 선택이라고 생각하곤 합니다. 남는 시간이 있거나, 마음속 고민거리가 없거나, 또는 삶이 안정되면 할 수 있는 일처럼 여깁니다. 하지만 연구는 정반대의 이야기를 합니다. 인간의 뇌는 남을 돕는 순간을 손해가 아니라 보상, 쾌감, 의미 있는 행동으로 인식하도록 설계되어 있습니다. fMRI(혈류와 관련된 변화를 감지해 뇌 활동을 측정하는 기술) 연구에 따르면, 타인을 도울 때 활성화되는 뇌의 영역(측좌핵과 복내측 전전두피질)은 돈을 받거나 맛있는 음식을 먹을 때와 같은 보상 시스템을 가지고 있습니다. 자발적으로 누군가를 돕는 순간, 우리의 몸도 함께 반응합니다. 타인과 연결될 때 분비되는 옥시토신은 불안을 가라앉히고 긴장을 완화합니다. 나눔은 나도 모르는 새에 먼저 몸을 안정시킵니다. 그래서 나눔의 하루를 보내고 온 날, 우리는 신경계가 안정되어 깊은 잠을 자게 되는 경우가 많습니다. 정말 신기하지 않나요?

더 흥미로운 사실은, 나눔이 실제로 몸을 오래 살게 한다는 점입니다. 정기적으로 봉사활동을 하는 사람들은 그렇지 않은 사람들보다 심혈관 질환 위험도 적습니다. 이는 착한 마음에 대한 보상이 아니라 연결된 삶이 주는 생리적 안정의 결과입니다. 인간은 혼자 버티도록 진화하지 않았습니다. 신체적 조건이 월등했던 네안데르탈인은 멸종되고 친화력이 좋은 우리의 조상 호모 사피엔스는 살아남았지요. 우리는 서로를 돌보며 살아남은 종입니다. 그래서 돕는 순간, 뇌는 '그래, 이게 우리가 살아남던 방식이었지'라며 안도합니다. 취리히 대학은 기부나 돕는 행동은 일반 소비보다 행복 지속 효과가 더 큼을 실험으로 확인한 바 있습니다. 저도 기회가 될 때마다 유기견 보호소에 추운 겨울을 나기 위한 담요를 기부하기도 하고, 아프리카 수단 어린이들이 공부하는 데 보탬이 되도록 필기구를 모아서 보내기도 합니다. 또 상태가 좋으나 손이 안 가는 의류는 '아름다운 가게'에 기증하고, 길을 묻는 사람이 있으면 도와주려고 애쓰지요. 그리고 나면 뿌듯한 기분이 들면서 보약한 사발 들이켜는 것보다 더 강한 에너지가 차오르는 것처럼 느껴집니다. 결국 남는 것은 서로에게 건네는 진심과 도움입니다.

10분 리추얼 가이드

☐ 나눔과 선행의 이야기가 담긴 영상 찾아보며 마음을 환기하는 시간 갖기

☐ 일주일에 한 번은 알리지 않고 조용히 누군가에게 작은 친절 실천하기

☐ 가까운 사람에게 진심을 담은 따뜻한 말 한마디 건네기

잇고 있었던 연결을
다시 회복하는 순간

먼저 손을 내미는 사람

혹시 누군가의 연락을 기다리고 있나요? 작가 알랭 드 보통은 "관계는 기다림이 아니라 움직임에서 시작된다"라고 했습니다. 관계의 회복은 타이밍보다 용기 있는 첫 움직임에서 비롯됩니다. 먼저 손을 내미는 사람이 손해를 보는 것이 아니라 관계의 흐름을 바꿉니다. 관계가 멀어지는 순간은 다툼, 오해, 말하지 못한 감정 등 분명합니다. 하지만 관계가 끊어지는 이유는 그보다 훨씬 조용합니다. 아무도 먼저 움직이지 않았기 때문입니다. 우리는 종종 기다리곤 합니다. 상대가 먼저 연락하길, 먼저 사과하길, 먼저 다가오길. 그 기다림은 마치 공평함처럼 보이지만, 관계를 멈춰 세우기도 합니다.

시카고 대학의 심리학 연구에 따르면, 사람들이 먼저 연락하지 못하는 가장 큰 이유는 어색함에 대한 과대평가라고 합니다. 망설이는 사람들은 상대가 느낄 불편함을 실제보다 훨씬 크게 상상하는 경우가 많습니다. 자신이 보낸 메시지에 대한 침묵을 크게 상상하고 상대의 반응을 미리 두려워합니다. 하지만 실제로는 어떨까요? 정반대의 일이 벌어집니다. 손을 내민 사람은 대체로 생각보다 따뜻한 반응을 만나게 됩니다. 길어진 침묵은 무관심이 아니라, 서로의 망설임이 겹친 결과지요. 관계의 흐름은 언제나 대칭적이지는 않아서 누군가의 반박자 빠른 용기가 물꼬를 터주기 마련입니다. "잘 지내?" 같은 짧은 문자, 생일 안부, 오랜만에 떠올라서 보낸 메시지 하나는 관계를 포기하지 않겠다는 의사 표현에 가까운 거지요.

흥미롭게도 뇌는 이러한 행동을 손해로 인식하지 않습니다. 누군가에게 먼저 다가갈 때 우리의 뇌에서는 보상회로가 활성화됩니다. 관계를 회복하려는 선택 자체가 의미 있는 행동으로 처리되기 때문이지요. 그래서 먼저 연락하고 나면 결과와 상관없이 마음이 가벼워지는 경우가 많습니다. 그건 오로지 상대의 반응 덕분이 아니라 내가 관계 안에서 움직였다는 감 각도 한몫합니다. 물론 어떤 관계는 다시 이어지지 않을 수도 있지요. 그럼에도 먼저 움직인 사람은 후회 대신 명확함을 얻게 됩니다. 나는 침묵으로 관계를 버리지 않았다고 스스로에게 말할 수 있습니다. 누군가의 연락을 기다리고 있다면 먼저 움직여보는 것은 어떨까요?

안부를 묻는 한 문장

관계가 멀어졌다고 느낄 때, 우리는 너무 많은 말을 생각하고 준비합니다. 왜 연락하지 못했는지, 서운하지는 않았을지 그렇게 할 말을 고르다 나도 모르는 새에 부담감이 커져서 결국 아무 말도 보내지 못한 채 시간이 더 흘러가버리고 말지요. 하지만 관계를 다시 잇는 데 필요한 말은 생각보다 길지 않습니다. 때로는 "잘 지내?"라는 한 문장이면 충분합니다. 하버드 대학의 사회 신경과학 연구에 따르면 인간의 뇌는 짧은 안부 메시지를 정보로 처리하기보다는 연결신호로 인식합니다. 바로 "나는 아직 당신을 기억하고 있다"라는 메시지입니다.

이 신호는 소속감과 관련된 뇌 영역을 즉각적으로 자극하고 경계보다 안도를 먼저 불러옵니다. 메시지의 길이보다는 의도나 인식이 중요하지요. 그래서 안부 인사는 정보를 구하는 질문이 아니라 관계의 문을 두드리는 행위에 가깝습니다.

우리가 안부를 망설이는 이유는 대개 '지금 연락해도 괜찮을까? 너무 늦은 걸까? 좀 민망한데' 하고 생각하기 때문입니다. 하지만 연구에 따르면, 사람들은 오랜만에 받은 안부를 불편해하기보다 대부분 반가워합니다. 저의 경우에도 지난해 생일에 가족들과 시간을 보내고 있을 때 무척 오랫동안 보지 못했던 이름이 핸드폰에 발신자로 뜨는 것을 보았을 때 정말 기뻤습니다. 또 얼마 전에는 몇 해 전에 운동모임에서 만나고 한동안 못 봤던 지인이 오랜만에 안부 연락이 와서 반갑게 오래 이야기했습니다. 멀어진 시간은 감정의 단절이 아니라, 연결의 부재가 그저 먼지처럼 쌓였을 뿐이라서 털어내면 그만입니다. 두 지인 모두 오랜만에 연락하는 거라 살짝 멋쩍어하는 게 느껴졌으나 저를 떠올려 연락을 줬다는 것만으로도 너무나 고맙고 반갑더라고요.

안부를 묻는 문장은 과거를 꺼내지 않고 현재를 확인합니다. 그러니 부담 없이 짧고 진심 어린 신호를 보내보는 리추얼은 어떨까요? 한 달에 한 번도 좋습니다. 연락처 목록을 보면서 궁금했던 사람 한 명에게 이모티콘 하나, 짧은 문자, SNS의 반응 하나처럼 작은 움직임으로 관계의 맥을 이어보는 거죠. 끊기지 않았다는 감각, 아직 닿을 수 있다는 느낌 이런 것들이 관계를 그리고 우리를 살아 있게 만듭니다.

다시 연결된 관계

관계에 대한 깊은 통찰로 유명한 철학자 마르틴 부버*Martin Buber*는 "인간은 관계 속에서만 완전히 살아 있다"라는 말을 남겼습니다. 관계가 끊어지면 하루는 흘러가지만 무언가 잘 남지 않고 계절이 바뀌어도 실감이 나지 않지요. 감정은 살아 있지만 어딘가 입체적이지 않고 평면적인 느낌이 듭니다. 원래 인간의 감각이 관계 속에서 더 또렷해지도록 만들어져 있기 때문입니다. 연결된 관계 안에서 웃음이 많아지고 식사의 맛이 풍부해지며 하루를 이야기하고 싶은 사람이 생깁니다. 이 작은 변화들이 모여 삶의 해상도를 높여주어 우리를 더 생생하게 살아가게 합니다.

저는 한두 달에 한 번은 꼭 본가에 가서 가족들과 시간을 보냅니다. 함께하는 저녁은 평소보다 따뜻하고 에너지를 줍니다. 수다를 떨다 보면 으레 달콤한 아이스크림 생각이 나는데요, 동생과 저는 아이스크림 전문점에 가면 '초콜릿 무스'와 '피스타치오 아몬드' 이 두 가지 맛을 꼭 포함해서 고릅니다. 어릴 때부터 둘 중 하나가 아이스크림을 사게 되면 암묵적으로 이 두 가지는 잊지 않고 골라 오곤 했던 것이 지금까지 이어지고 있습니다. 말없이 서로의 여전한 기호를 확인하면서 옛날을 추억하기도 하는 동시에 따뜻한 마음까지도 느끼는 것은 덤입니다.

 화가 피카소의 집에는 항상 손님들로 북적거렸습니다. 그는 집중적으로 작업하는 사이에 잠깐 대화하는 것은 즐겼으나 작업에 방해받는 자체를 싫어했기 때문에 일요일을 '초대의 날'로 정하여 오후에는 친구들을 만나서 우정의 시간을 보냈습니다. 그의 전기 작가 존 리처드슨*Sir John Patrick Richardson*의 말을 빌리자면 피카소는 폐쇄적인 삶과 친구들과 어울리는 삶을 끊임없이 오갔다고 합니다. 창작을 위해서도 삶을 위해서도 관계는 없어서는 안 될 중요한 요소임을 그는 체감했던 것이죠. 심리학에서도 단절은 감정 문제에 국한되지 않아, 외로움은 몸에 만성 스트레스 신호를 보내어 감각을 둔화시킵니다. 반대로 관계가 회복되면 스트레스는 서서히 감소하고 삶은 다시 현실감을 되찾게 되지요. "이제 좀 살 것 같다"라는 말은 비유가 아니라, 체험에 가까운 것입니다. 누군가의 안부를 묻고, 안부를 받는 순간, 우리는 지금 여기 존재하고 있음을 느낍니다.

10분 리추얼 가이드

- ☐ 연락처 목록을 보며 그동안 연락하지 못한 사람 한 명 정해 안부 전하기
- ☐ 가끔 만나는 모임의 만남 주기 정해 꾸준히 이어가기 시도하기
- ☐ 친구들과 함께 일 년에 한 번 특별하게 모이는 '우정의 날' 정해보기

리추얼은 결국
나를 사랑하는 연습

자연의 리듬 속으로
돌아가는 시간

자연의 속도를 잊을 때

이 장에서는 자연 그리고 초월적 존재와의 연결에 대해 다룹니다. 인간은 자연의 일부라, 자연과 함께할 때 가장 좋은 리듬을 가집니다. 프랑스 국립 보건의학연구소장이자 20여 년간 뇌와 신경을 연구해온 신경과학자 미셸 르 방 키앵*Michel Le Van Quyen*은 저서 『자연이 우리를 행복하게 만들 수 있다면*Cerveau et nature*』에서 다음과 같은 이야기를 합니다. 그는 코로

나 팬데믹 기간 중 자연과 접촉할 기회가 차단되면서 당연하게 누리던 자연이 주는 혜택이 얼마나 소중했는지 절감합니다. 그래서 자연을 향한 인간의 본능적 애정에 관해 과학적으로 탐구하게 되는데요, 결론적으로 인간이 자연과 조화를 이루며 진화했기에 자연을 향한 과학적 이끌림이 유전자에 내재해 있다고 합니다. 자연은 인간에게 기쁨을 주고 신체부터 심리까지 모든 부분에 긍정적인 영향을 준다는 거죠.

우리의 조상인 호모 사피엔스는 약 26만~35만 년 전 출현한 것으로 추정되어 지금처럼 인공적인 의복을 입고, 인공적인 음식을 먹고, 인공적인 자재로 지은 집에서 살고 있게 된건 인류 역사 중에 얼마 되지 않습니다. 한창 편의점에서 과자를 사 먹다가도 인공적인 것은 입에 넣고 싶지 않을 때가 오는데요, 특히 몸이 아플 때 인스턴트 식품은 본능적으로 거부하는 저를 보게 됩니다. 과일이나 채소, 굽거나 찌기만 한 고기처럼 자연스러운 음식이 점점 더 좋습니다. 저는 흐르는 강물이나 푸르른 나무를 보면 치유되는 기분이라 일에 치여 바쁘게 살다가도 근원적인 휴식을 원할 때는 집 앞 천변으로 나가 커피와 함께 자리 잡고 앉아 몇 시간이고 그 풍경을 바라봅니다. 반짝이는 잔물결, 바람에 흔들리는 나뭇가지, 다채로운 색색의 꽃들, 뭉게구름 두둥실 떠다니는 하늘은 경이롭기까지

합니다. 그렇게 하염없이 바라보다 돌아올 때는 제 깊은 곳에서부터 생명 에너지가 차오르는 게 느껴집니다.

숲, 하늘, 물, 바람 같은 자연 요소가 주는 치유 효과는 실로 어마어마합니다. 자연은 멀리 있지 않습니다, 고된 업무에 시달리다 잠시 일터를 빠져나와 거니는 도심 속 공원이 회복을 안겨주고 걱정으로 밤새 뒤척이다 창문 너머 비치는 새벽의 일출이 위안을 주기도 합니다. 일상에서 자연과 함께하는 리추얼만으로도 우리는 충분히 행복해질 수 있습니다.

계절을 느끼는 감각

우리는 곁에 익숙한 사물이 있음을 인식하는 자체로도 마음이 안정됩니다. 긴박한 상황에서도 어디에 무엇이 있고, 어떻게 하면 된다는 정보를 알고 있다면 그리 불안하지 않은 것처럼 시간에도 닻을 내리는 것과 같이 잡아둘 고정적인 무엇이 필요합니다. 그렇지 않으면 우리는 미끄러져버립니다. 잠시 일 년이라는 시간의 감각을 떠올려봅시다. 우리는 해의 길이가 길어지고 짧아지는 것을 느끼면서 시간이 흐르는 것을 느낍니다. 점점 더워지고 점점 추워지면서 일 년 중 우리가 어디까지 왔는지 체감합니다.

어릴 때 우리는 우리나라가 사계절이 뚜렷한 점이 장점이라고 배웠습니다. 학교에서도 어른들도 그렇게 알려주니 그런가 보다 했습니다. 그런데 좀 더 나이를 먹고 나서는 일 년 내내 따뜻하면 얼마나 좋을까 하는 생각도 들어요. 하지만 오늘 아침에는 이런 생각이 들었습니다. 우리는 각 계절의 이점을 다 누릴 수 있어 좋고, 거기다 시간의 흐름을 감지할 수 있고, 감정의 순환이 생기고, 때로는 시간을 어떻게 써야 하는지 깨닫게 되기도 한다고요.

계절성 정서 변화 연구에 따르면 일조량과 기온 변화가 감정과 에너지에 직접적 영향을 준다고 합니다. 계절 인식이 높은 사람일수록 감정 변화를 문제가 아닌 자연스러운 흐름으로 수용해서 감정을 원망하지 않게 됩니다. 봄이 되어 싱숭생숭해지면 "아, 나 봄 타나 보네" 하고 넘길 수 있습니다. 자신의 감정을 객관적으로 보는 순간, 조절이 쉬워집니다. 여름에 불쾌지수가 높아짐을 인지하고 있으면 서로 더 이해해줄 수 있지요. 가을에 예민해지거나 우울해하는 사람도 있는데 그건 계절 때문일 수 있다는 것을 우리는 압니다. 또 지금 겨울이라면 '봄은 반드시 온다'는 말도 우리에게는 퍽 위로가 되지요.

하지만 실내와 디지털 중심 생활로 계절 감각 상실을 호소하는 현대인이 증가하고 있다고 합니다. 사계절이 있어도 체감은 항상 비슷한 상태로 그대로 머물러 있다는 것인데, 계절이 사라진 게 아니라 감각이 닫혀버린 것이죠. 그래서 저는 계절별 산책 코스, 계절 음식, 계절 기록 리추얼을 제안합니다. 이를 실천하면 감정 기복이 감소하고 자기 이해도가 증가한다고 하네요. 계절을 느끼기 시작하면 마음도 숨 쉴 타이밍을 배웁니다.

자연과 다시 연결될 때

자연과의 연결을 거창한 여행이 아닌 일상의 리추얼로 재정의해야 한다고 생각하며 저만의 리추얼을 소개합니다. 저는 일 년에 두세 번은 꼭 강릉을 방문합니다. 사람들이 흔히 말하는 핫플레이스에 가기보다는 저의 리추얼을 하면서 회복과 치유를 얻습니다. 정확히 말하면 저는 그 리추얼을 하기 위해 강릉으로 갑니다.

그리고 항상 같은 숙소, 같은 카페, 같은 식당에 가는데요, 초당옥수수 커피를 굉장히 좋아해서 꼭 방문하는 카페가 두 곳 있습니다. 일단 그 커피를 먼저 마시면서 강릉 리추얼을 시작합니다. 초당옥수수가 달고 고소한 만큼 한 모금 마시는 순간 '나의 힐링이 시작되네' 하는 기대감이 단번에 차오릅니다. 강릉에는 경포, 안목 등 해변이 많지만 언제나 강문해변 근처의 숙소로 가서 짐을 풉니다. 그리고 책과 다이어리, 필통을 챙겨 근처의 단골 카페로 갑니다. 이제는 낯설지 않고 동네 카페 같은 편안함이 있어요. 바다가 잘 보이는 창가에 자리를 잡은 후 음료를 마시면서 부서지는 파도를 바라봅니다. 끝없이 밀려오는 파도, 하얗게 부서지는 물결은 각기 다른 모습으로 아름다워 봐도 봐도 감탄이 나오죠. 얼추 물멍을 채우고 나면 책을 폅니다. 좋은 글귀가 나오면 다이어리에 옮겨 적기도 하고 그러다 보면 머릿속이 정리되면서 희망적인 안정감이 들지요. 아무에게도 방해받고 싶지 않은 평화입니다.

다음 날 해가 중천에 오를 때 소나무가 가득한 송정해변으로 걸어갑니다. 그 길은 모래 위에 갈변한 소나무잎 천지라 붉은 갈색인데 하늘과 소나무는 푸르러서 조화가 신묘합니다. 도저히 발길이 떨어지지 않으면 군데군데 있는 벤치에 앉아 풍경을 눈과 마음에 담지요. 다시 걷다 보면 제가 좋아하는 막국수 식당이 나타납니다. 언제나처럼 비빔막국수와 만두를 주문하고 맛있게 비운 후 돌아옵니다. 이 리추얼을 마치고 집으로 돌아오는 길은 행복 그 자체입니다. 마치 핸드폰이 100퍼센트 충전되고 보조배터리까지 든든하게 채워온 기분이 들지요. 이 기억만으로도 몇 개월은 든든하게 지내는 힘이 생깁니다. 여행을 반드시 멀리 갈 필요는 없습니다. 그리고 꼭 새로운 식당이나 색다른 체험을 해야지만 스트레스가 해소되는 것도 아닙니다. 여러분도 좋아하는 곳이 있다면 저와 비슷한 리추얼을 한번 만들어보길 강력하게 추천합니다.

10분 리추얼 가이드

- □ 사무실이나 집 한 켠에 자연을 느낄 수 있는 식물이나 소품 하나 들이기
- □ 주말에는 지금 이 계절의 공기와 색을 느낄 수 있는 장소 찾아가기
- □ 마음이 지칠 때마다 찾아갈 수 있는 나만의 힐링 장소 정해보기

계절의 순환이 알려주는
삶의 타이밍

기념일을 챙기고 있나요?

사랑을 전하는 날인 밸런타인데이는 2월 14일입니다. 그 유래는 3세기 로마 시대로 거슬러갑니다. 당시 결혼은 사랑하는 마음보다는 황제가 허락해줘야 했는데, 발렌타인*Valentine*은 서로 사랑하는 젊은이들을 황제의 허락 없이 결혼을 시켜준 죄로 목숨을 바친 사제(천주교 성직자)의 이름입니다. 그가 순교한 뒤 이날을 축일로 정하고 해마다 사랑하는 연인들의 날로 기념하게 되었습니다. 사랑을 전하는 매개체는 주로 초콜릿이며 최근에는 그 외 자기만의 개성과 마음을 담아 준비하는 경우가 많아지고 있습니다.

그에 맞추어 1월 14일은 다이어리 데이(새해를 맞이하여 다이어리를 선물하는 날), 4월 14일은 블랙 데이(짜장면 먹는 날) 등 매월 14일을 무슨 무슨 데이로 정해 특별한 날로 즐깁니다. 또 빼빼로 데이(11월 11일로 1이라는 숫자와 막대과자의 모양이 비슷하여 만들어짐, 이날은 농업인의 날로 가래떡 데이이기도 함)처럼 이름부터 대놓고 소비적인 날도 있는데요, 저는 그런 각종 '데이'들을 나쁘게 보지 않습니다. 그날을 통해서 힘듦을 잠깐 내려놓고 기념일을 이유 삼아 사람들과 결속을 다지는 시간을 가지는 것은 좋다고 봅니다. 일상적인 삶을 잠시 멈추고 리추얼을 하고 나면 의미 부여와 반복, 연결하는 그 행동들이 우리를 잠시나마 쉬게 하고 활력을 주니까요. 물론 선물 때문에 부담이나 서운함을 느껴서는 안 되겠지요. 바쁜 일상 중에 함께하는 것만으로도 이미 우리에게 그 자체로 선물인 시간입니다.

그런데 우리는 항상 곁에 있는 것에 소중함과 특별함을 느끼지 못하는 경향이 있습니다. 다른 나라의 축제나 문화는 우리와는 다르니 처음에는 새롭고 특별하게 느껴질지 몰라도 직접 접해보면 그렇게 색다르거나 거창하지는 않더군요. 사실 함께 어울리고 행복을 비는 의미는 어디나 비슷하지요. 우리에게는 조상들이 매년 반복해서 즐겨왔던 리추얼이 있습니다. 혼자서도 할 수 있고 가족, 친지들과 함께 즐길 수 있는 24개의 절기가 저는 정말 멋지고 깊은 의미와 지혜가 담겨 있다고 생각합니다. 이것이야말로 우리의 유전자에 새겨진 근본적인 리추얼이라 할 수 있습니다.

때를 기다리고 올라타는 지혜

살면서 새삼 느끼는 것은 나이는 공짜로 먹는 것이 아니라는 거죠. 경륜은 무시할 수 없고 구력은 그냥 쌓이는 게 아닙니다. 저는 우리의 조상들이 남겨준 스물네 개의 절기에 대해 한 해 한 해 새로이 느낍니다. 본래 24절기는 계절의 길잡이로 농사와 날씨 판단에 쓰였습니다. 지금은 농업사회도 아니고, 전통이라면 그저 고리타분하다고 생각한 적도 있습니다만 현대인에게도 충분히 의미가 있고, 삶에 있어 하나의 현명한 방법이 될 수 있습니다. 저는 리추얼적인 면에서도 절기를 뜻 있게 보낸다면 인생을 조금 더 행복하게 사는 데 도움 될 거라 봅니다.

당장 떠오르는 절기가 있나요? 저는 동짓날(12월 22일경)을 굉장히 기다리는데 이유는 낮이 길어진다는 희망 때문입니다. 저는 해가 떠 있는 것을 좋아하거든요. 우리의 조상들은 동지는 해가 가장 짧은 날이라 음陰이 최고치에 달하는 날이어서 음의 성질을 가진 귀신이 가장 많이 활동한다고 생각했습니다. 그래서 상대적인 양陽의 기운이 요구되었고, 양을 상징하는 붉은 팥죽이 나쁜 기운을 물리친다고 믿었습니다. 옛적부터 고대인들은 붉은색이 주술적인 위력을 지녔다고 믿었거든요. 그래서 태양, 불, 피 같은 붉은 색을 생명과 힘의 표식으로 삼아 숭상한 것입니다. 따라서 동지를 태양이 죽음에서 부활하는 날로 여겼기 때문에 붉은색에 대한 믿음으로 붉은색의 팥죽을 쑤게 된 것이죠. 그렇게 동지팥죽을 쑤어 조상님께 제사를 지낸 후 방, 마루, 광, 헛간, 우물, 장독대에 한 그릇씩 놓았고 대문이나 벽에도 뿌려 나쁜 기운을 쫓고 새해의 무사안일을 빌었습니다. 그래서 이 동짓날을 '작은 설'이라고도 하였습니다. 동지팥죽은 새알심을 넣어 끓이는데 가족의 나이 수대로 넣어 끓이는 풍습도 있어 팥죽을 먹어야 한 살 더 먹는다는 말도 전해 오고 있습니다.

지금도 동지가 되면 죽 전문점은 쏟아지는 팥죽 주문에 즐거운 비명을 지릅니다. 또한 팥이 들어간 다른 음식으로 대신하기도 합니다. 단팥빵을 선물하거나 함께 팥빙수, 팥양갱 등을 나눠 먹으며 나쁜 기운을 쫓고 새해의 좋은 기운을 비는 것이지요. 이런 식으로 다른 절기를 현대화해서 함께 즐기면 너무 재미있을 거 같지 않나요? 정말 귀엽고 멋진 리추얼이 될 수 있습니다. 당장 달력을 펴고 사랑하는 사람과 함께 절기를 선택해 즐겨보자고요.

지금 어떤 계절을 지나고 있는가

시간의 흐름을 느끼는 것은 중요합니다. 계획을 세우는 데에도 도움이 되고, 지금의 나를 여유롭게 하기 때문입니다. 저는 먹는 걸 좋아하고 즐기는 전형적인 한국 사람이라 일 년의 흐름을 음식으로 느낍니다.

각종 카페 프랜차이즈에서는 계절을 반영한 식음료를 기획하여 한정판매하는데요, 스타벅스에서 2017년 출시한 슈크림 라테가 단연 인기 최고입니다. 달콤한 슈크림과 쌉쌀한 에스프레소의 완벽한 조화를 보여주기에 많은 사람들이 사랑하는 시즌 음료인데요, 슈크림 라테 판매 시작을 알리는 포스터를 보면 봄이 온 것을 느끼게 되지요. 보통 2월 말에서 3월 말 정도에만 마실 수 있어 판매가 마감되면 조금 서운할 때도 있습니다.

혹시 온열질환에 걸려본 적이 있나요? 저는 몇 해 전 에어컨이 고장 나는 바람에 며칠간 엄청난 무더위 속에서 근무해야만 했습니다. 그때 더위를 먹는 게 얼마나 무서운 건지 알게 되었지요. 몸이 축 처지고 열이 빠져나가지 않아 며칠을 고생한 후로 복날의 존재 이유를 절실히 깨달았습니다. 그래서 여름에는 말이 필요 없이 삼계탕입니다. 매년 7월에서 8월 사이에 있는 초복, 중복, 말복에는 지인들에게 연락해서 삼계탕집 투어에 나섭니다.

선선한 가을이 왔음을 알려주는 사과대추를 저는 정말 사랑합니다. 대략 9월 중순부터 10월 말까지 가을의 한가운데가 황금 시기로 사과대추의 제철은 아주 짧은 편입니다. 또 쉽게 쪼글쪼글해지는 등 저장성이 떨어지는 편이라 자주 소량 구매 후 냉장고에 보관하면서 정말 열심히 먹어야 해요. 10월 말이 되면 저는 아직도 판매 중인 농장을 찾아 헤맵니다. 한 입 깨물 때 '아삭!' 하는 그 경쾌한 소리와 식감, 달콤한 과육을 맛보고 나면 중독될 수밖에 없습니다.

겨울은 붕어빵의 계절이지요. 동네에 붕어빵 트럭이 보이는 날에는 그렇게 행복할 수가 없습니다. 함께 줄 선 사람들에게

조차 내적 친밀감이 들고, 기다렸다가 따뜻한 붕어빵 몇 마리를 코트 안에 품고 걸어가면 괜히 뿌듯해지고요. 제일 좋아하는 꼬리 부분을 입안에 쏙 넣는 순간 '지금 겨울 맞구나'가 느껴집니다. 어느 순간 붕어빵 트럭이 안 보이는 날에는 날씨가 완연히 따뜻해져 있지요. 여러분의 제철음식 리추얼은 무엇인가요? 그것이 무엇이든 내가 지나는 계절을 느끼고 체감하는 순간 삶은 흐름이 되고, 작아도 확실한 행복감과 안정감이 찾아옵니다.

10분 리추얼 가이드

☐ 소중한 사람과 함께 14일의 데이 중 하나 정해 소소하게 즐기는 시간 만들어보기

☐ 좋아하는 절기나 새롭게 경험하고 싶은 절기 하나 찾아 의미 부여하기

☐ 계절이 바뀔 때마다 즐기고 싶은 나만의 계절 음식 하나 떠올려보기

덜어낼수록
선명해지는 나

너무 많은 것은 나를 보호하지 않는다

한때 저는 불안할수록 더 많이 붙잡아 놓으려고 했습니다. 정보, 사람, 일정, 물건, 기회까지요. 유튜브 '나중에 볼 동영상' 목록에 계속 추가하면서 정작 보지는 않았고, 만나면 그렇게 즐겁지 않은데도 놓치면 후회할 거 같아서 관계를 유지했습니다. 혹시나 해서 버리지 못하는 물건도 많았고, 준비되지 않으면 안 될 것 같아 일정을 무리하게 잡았지요. 삶은 점점 단단해지는 대신 무겁고 버거워졌습니다. 심리학에서는 이를 '인지 과부하'라고 부릅니다. 안정을 위해 모으던 정보의 양이 선을 넘어서면 뇌는 처리 불가능한 부담으로 인식합니다. 선택지가 많아질수록 판단은 흐려지고, 관계가 많아질수록 감정은 얕아지며, 정보가 많아질수록 불안은 커집니다.

문제는 '많음' 그 자체가 아니라, 관리할 수 없는 상태입니다. 나를 보호하는 삶이란 겹겹이 쌓인 갑옷을 입는 것이 아니라 움직일 수 있는 무게를 유지하는 일에 가깝습니다. 우리는 더 많이 챙길수록 더 빨리 지칩니다. 인간관계도 일정도 기대도 그렇습니다. 감당할 수 없는 선의는 결국 의무가 되고, 의무는 관계를 소모적으로 만듭니다. 헨리 데이비드 소로는 "풍요는 더 많이 가지는 것이 아니라, 덜 필요로 하는 것이다"라고 말했습니다. 그래서 덜어냄은 포기가 아니라 재정비입니다. 쉬는 날에도 알림이 울리고, 관계마다 책임이 붙고, 머릿속에 해야 할 일이 쌓인 상태에서는 아무리 열심히 쉬어도 회복되지 않습니다. 그에 반해 일정, 관계, 정보를 의도적으로 줄인 후 수면 질과 집중력, 감정 안정 상태가 개선된 사례는 매우 많습니다. 또한 자기에게 한계를 허락하는 사람일수록 회복력과 정서 안정, 지속성이 높습니다.

이제는 더 견디겠다는 다짐보다 덜어내도 괜찮다는 여유가 필요합니다. 오히려 나를 취약하게 만드는 것은 모든 걸 안고 가야 한다는 잘못된 신념과 어리석은 믿음입니다. 나를 보호하는 것은 더 갖는 일이 아니라 감당할 수 있게 만드는 일입니다. 덜어내고 비로소 알게 됩니다. 의도적으로 선택지를 줄이고 나면 내가 무엇을 중요하게 여기는지 보이기 시작하게 될 것입니다. 이번 장에서는 덜어냄이 삶의 방향성을 만드는 과정을 체크리스트와 빈칸 채우기를 통해 함께 해보겠습니다.

내려놓을수록 기준은 또렷해진다

이 체크리스트의 목적은 더 잘 살기 위해 애쓰는 것이 아니라 나를 덜 소모하는 삶으로 돌아오는 것입니다. 모두 하지 않아도 되고, 지금 가장 부담이 되는 것부터 하나만 체크해도 충분합니다. 아래 문장 중 해당하는 것에 체크해보세요.

① 정보 덜어내기—머리의 소음을 줄이는 리추얼

- ☐ 하루에도 몇 번씩 이유 없이 휴대폰을 확인한다.
- ☐ 뉴스를 보고 나면 불안하거나 피로해진다.
- ☐ 필요 없는 정보까지 계속 저장해두고 있다.

· 하루 중 정보 차단 시간 30분 정하기

· 뉴스와 SNS는 정해진 시간에만 보기

· '나중에 볼 정보' 중 절반은 삭제하기

체크 후 변화 기록하기: "정보를 덜어내고 나서 내 기분과 상황은 어떤 상태였나?"

② 일정 덜어내기—에너지를 회복하는 리추얼

☐ 하고 싶어서가 아니라 미안해서 약속을 잡는다.

☐ 하루 끝에 늘 지친 느낌이 든다.

☐ 나를 위한 시간이 항상 마지막 순서에 있다.

· 주간 시간 계획표에서 '아무것도 없는 시간' 일정 만들기

· 이번 주 약속 중 하나만 정중히 거절해보기

· '해야 하는 일정'과 '하고 싶은 일정' 구분하기

체크 후 질문에 답하기: "이 일정은 나를 살리고 있는가, 소모시키고 있는가?"

③ 관계 덜어내기—마음의 경계를 세우는 리추얼

☐ 연락 후 기분이 더 무거워지는 사람이 있다.

☐ 싫다고 말하면 나쁜 사람이 될 것 같다.

☐ 관계에서 나답지 못한 느낌이 들거나 나만 더 애쓰는 거 같다.

〈덜어내는 리추얼 제안〉

• 즉각 반응하지 않아도 되는 연락 구분하기

• 거절하거나 원하지 않는다고 말해보기(타인은 생각보다 그리 슬퍼하

 지 않는다)

• 나를 존중하지 않는 관계에서 한발 물러서기

체크 후 기록하기: "거리 두기가 죄책감이 아니라 안도로 느껴졌던 순간

은 무엇이었나?"

④ 물건 덜어내기—시선과 마음을 정리하는 리추얼

☐ 안 쓰지만 버리기 아까운 물건이 꽤 있다.

☐ 물건이 많아 선택이 피곤할 때가 종종 있다.

☐ 언제 필요할지 몰라 미리 물건을 쟁여 놓는다.

〈덜어내는 리추얼 제안〉

• 오늘 안 쓰는 물건 딱 3개만 버리거나 지인들에게 나누어 주기

• 최근 1년 사용했는지 기준 적용해보기

• 나의 삶에 기여하지 않는 물건은 보내주기

체크 후 느낌 메모하기: "공간이 달라지니 내 기분은 어떻게 변했나?"

⑤ 생각 덜어내기—나를 다그치지 않는 리추얼

☐ '아직도 이것밖에 안 했네?'라는 말을 자주 한다.

☐ 남과 비교하며 스스로 자신을 깎아내린다.

☐ 옛 생각을 곱씹으며 괴로워할 때가 있다.

〈덜어내는 리추얼 제안〉

· 오늘 하루 나를 비난하는 문장 하나 지우기

· "꼭 나아가지 않고 잠시 멈춰도 괜찮아"라고 말해보기

· 나에 대한 극히 주관적 판단 대신 객관적인 관찰로 바꾸기

체크 후 문장 완성: "지금의 나에게 필요한 건 더 한 노력보다 ＿＿＿＿

이다."

덜어낸다고 해서 다 사라져버리지는 않을까 걱정 되나요? 그렇지 않습니다. 덜어낸 자리에는 선명한 내가 남기 마련입니다. 이 리스트는 한 번에 다 확인하지 않아도 좋습니다. 삶이 버거워질 때마다 다시 돌아와 하나만 들여다봐도 충분합니다.

나에게 남길 것만 남기는 연습

완벽하게 하지 않아도 괜찮은 참여 페이지를 소개합니다. 지금의 나를 따뜻하게 감싸주고, 조금 덜 힘들게 만드는 것, 그거면 충분합니다.

STEP 1. 지금의 나에게 가장 무거운 영역에 표시해보세요(여러 개여도 괜찮습니다).

- ☐ 정보
- ☐ 일정
- ☐ 관계
- ☐ 물건
- ☐ 생각

"요즘 가장 나를 소모하는 것은 무엇인가요?"

STEP 2. 덜어낼 수 있는 것에 표시하세요(오늘은 '바꾸기'보다 '줄이기'를 선택합니다).

1) 정보—머리의 소음을 낮추는 연습

- ☐ 매일 확인하지 않아도 되는 정보

　　　　□ 불안을 키우는 뉴스나 콘텐츠

　　　　□ 저장만 해두고 다시 보지 않는 정보

오늘의 선택: 오늘 나는 　　　　　　　 을(를) 보지 않

기로 합니다.

2) 일정—에너지를 회복하는 연습

　　　　□ 나보다 다른 사람을 위해서 해야 하는 시간

　　　　□ 쉬는 날에 한꺼번에 하려고 미뤄둔 일들

　　　　□ 거절하면 죄책감이 들 것 같은 약속

오늘의 선택: 이번 주, 　　　　　　 에는 아무것도 하

지 않는 시간을 갖겠습니다.

3) 관계—마음의 경계를 세우는 연습

　　　　□ 하고 난 후 기분이 더 무거워지는 연락

　　　　□ 구구절절 설명해야만 유지되는 관계

　　　　□ 나만 애쓰는 느낌이 자주 드는 사람

오늘의 선택: 나는 　　　　　　 관계에서 조금 덜

애쓸 것입니다.

4) 물건—시선을 가볍게 하는 연습

　□ 간직하고 싶으나 괜히 마음이 복잡한 물건

　□ 그다지 안 쓰지만 버리지 못한 물건

　□ 선택하는 데 에너지가 드는 물건들

오늘의 선택: 오늘 내 공간에서 보내줄 물건은

	　　　　　　　　이다.

5) 생각—나를 다그치지 않는 연습

　□ 스스로에게 유난히 엄격하다.

　□ 남과 나를 자주 비교한다.

　□ 쉬는 시간에도 죄책감이 든다.

오늘의 선택: 오늘 하루, 나에게 하지 않기로 한 말은

"　　　　　　　　　　　　　"이다.

STEP 3. 덜어낸 후의 나를 기록해보세요(한 단어여도 괜찮습니다).

덜어낸 뒤,

내 몸은

내 마음은

내 하루는

이 페이지를 닫기 전에 다음 문장을 천천히 읽어보세요.

"나는 더 잘 살기 위해서가 아니라 나를 덜 소모하기 위해 덜어낸다."

오늘 다 하지 못해도 괜찮습니다.

나의 리추얼 페이스 메이트

☐ "나중에 볼 영상 목록"을 천천히 훑어보며 필요 없는 몇 개 과감히 삭제하기

☐ 일주일에 한 번 물건 하나 내려놓는 비움의 날 정해 실천하기

☐ 쉬는 날에는 한 시간 동안 알림을 끄고 고요에 머무는 시간 스스로에게 선물하기

몰입의 순간,
나를 다시 만나다

요즘 많은 사람들의 고민은 뭐 하나에 집중하기가 어렵다는 것입니다. 환경이 우리를 그렇게 만듭니다. 오프닝 건너뛰기, 10초 건너뛰기는 물론 각종 영화나 책의 요약 영상이 올라와 있어 작품을 온전히 다 보지 않아도 됩니다. 짧은 영상도 10초도 안 되는 시간 동안 흥미를 잃어 다른 영상으로 넘어가버리지요. 그러다 보니 영화관에서 두 시간 앉아 있는 것도 힘듭니다. TV를 켜놓고 핸드폰을 들여다보거나 그마저도 이리저리 여러 앱을 확인하는 것은 기본이 되어버렸지요.

한때 모두가 멀티태스킹에 대한 환상에 빠진 적이 있습니다. '멀티태스킹'이란 컴퓨터가 다수의 작업을 할 때 컴퓨터의 두뇌인 CPU를 나누어 사용하는 것을 말합니다. 예를 들어 큰 용량의 파일을 내려받으며 영상도 재생하고, 문서 작업도 하는 거죠. 하나의 CPU는 특정 순간 딱 하나의 작업만 수행합니다. 즉 컴퓨터는 동시에 여러 작업을 수행하는 것이 아니라 인간이 느끼지 못할 정도의 압도적인 속도로 여러 작업을 번갈아가며 처리하는 것입니다. 하지만 사람은 이렇게 생각합니다. '동시에 이렇게 다양한 일을 할 수 있다니, 정말 대단하잖아! 인간도 동시에 여러 일을 처리한다면 얼마나 멋지겠어. 그야말로 컴퓨터 두뇌처럼 말이지.' 그렇게 한동안 이것저것 동시에 하는 행동이 능력처럼 여겨지는 때가 있었습니다.

그러나 이것은 큰 착각이었습니다. 컴퓨터의 CPU처럼 인간 뇌의 전전두엽도 한 번에 하나의 정보만을 깊게 다룰 수가 있어 두 가지 이상의 일을 동시에 하려고 하면 주의력이 떨어지고 에너지 분배를 계속 조정하는 과정에서 피로가 누적되어 버립니다. 따라서 멀티태스킹은 즉각적으로 집중력 저하, 작업 속도 최대 40퍼센트 감소, 실수 증가, 기억력 저하 같은 악영향을 미칩니다. 또한 장기적으로는 전전두엽에 부담을 주어 주의력·집중력·의사결정능력, 그리고 장기기억력까지 떨어지고 반대로 불안감과 정신적인 피로도는 올라갑니다. 또 결과물이 좋지 못하니 자기 효능감마저 떨어지게 되지요. 멀티태스킹은 뇌를 훈련하는 것이 아니라 뇌를 산만한 상태에 익숙하게 만듭니다. 이미 우리는 멀티태스킹에 익숙해졌는데 어디서부터 어떻게 해야 하는 걸까요?

예술이 몰입을 선물하는 순간을 잡아라

멀티태스킹을 줄이고 뇌를 보호하는 몇 가지 방법이 있습니다. 첫째, 알림을 끄고 불필요한 물건은 치워놓는 등 하나의 작업만을 하는 환경을 조성합니다. 둘째, 깊은 집중과 휴식을 반복하는 리듬을 만듭니다. 예를 들어 25분은 집중하고 5분은 휴식하는 거죠. 셋째, 산책·호흡·짧은 스트레칭으로 뇌에 휴식을 주고 피로를 줄여줍니다. 넷째, 현대인의 집중을 가장 많이 빼앗는 스마트폰을 하루 30분이라도 멀리 둡니다. 여기에 더해 제가 생각하는 진정한 해법은 몰입의 경험입니다. 무언가에 정신없이 빠져들어 몰두하는 경험이 그리울 때가 있지 않은가요? 몰입 상태에서는 뇌가 도파민을 분비하며, 스트레스를 줄이고 행복감과 긍정적인 정서를 유지하게 합니다. 또 현재에 집중하게 만들어 걱정이나 후회를 덜 느끼게 하고, 자기 효능감과 자존감을 높여 자신감과 성취감이 붙어 우울증이나 불안감을 완화하는 데도 효과적입니다. 이런 경험을 늘리면 멀티태스킹(다중작업)이 아닌 싱글태스킹(단일작업)의 시간이 증가하는 것이죠.

그러면 몰입의 순간은 언제 우리에게 찾아오기 쉬울까요? 칙센트미하이의 몰입 연구에 따르면 그림·음악·글쓰기처럼 결과가 명확하지 않은 활동에서 몰입 경험 빈도가 높게 나타난다고 합니다. 즉, 예술이 몰입을 회복시켜서 단일 행위의 만족감을 준다는 것입니다. 일상에서 할 수 있는 예술 활동이 무엇이 있을까요? 저는 '손으로 사부작거리기 모임'에 참여한 적이 있었습니다. 함께 모여 조용히 자신만의 그리기나 만들기를 하는 것인데요, 소재와 도구, 재료를 자유로이 선택하여 작은 종이 한 장을 선과 색으로 채우고 나면 지난 일주일 동안 내가 이렇게 아무 생각하지 않고 몰두한 적이 있었나 하면서 개운해지는 느낌이 들지요. 그야말로 머릿속을 비우는 시간이었습니다. 그 후엔 일상도 업무도 더욱 잘 흘러갔고요.

몰입을 위해 어떤 예술 리추얼을 해보고 싶나요? 컬러링북을 하나 사서 하루에 10분 정도 색연필로 색칠하는 것은 어떨까요? 무늬를 반복해서 그려 쌓아나가는 젠탱글도 좋습니다. 일주일에 한 번 코인 노래방에 가서 10분간 노래해도 되고요. 손이 가는 대로 책 한 권 뽑아 들어서 아무 생각 없이 펼친 페이지에 있는 문장 다섯 줄을 옮겨적어도 좋습니다. 단, 가장 중요한 것은 스마트폰은 내려놓고 하는 것이겠지요.

잘하고 싶다는 마음을 내려놓을 때 몰입은 시작된다

나이키의 유명한 광고 문구였던 'Just do it'은 여러 상황의 다양한 사람들에게 큰 영감을 줬습니다. 말 그대로 그냥 하라는 뜻인데, 완벽주의적인 성향이 짙은 사람들에게는 첫걸음조차 쉽지만은 않습니다. 이를테면 과거에 고통받던 저 같은 사람 말이죠. 이들은 머릿속으로 수많은 경우의 수를 생각하며 그 속의 못난 나를 견디지 못합니다. 사람들은 무언가를 시작할 때 잘하고 싶다는 마음부터 앞섭니다. 잘 그려야 하고, 잘 써야 하고, 남보다 나은 소리를 내야 한다는 생각이 자연스럽게 따라오죠. 역설적으로 예술에서 가장 깊은 몰입은 바로 그런 마음을 내려놓을 때 시작됩니다. 잘하려는 태도는 실은 끊임없는 자기 평가의 연속입니다. 내가 제대로 하는 건지, 창피하지 않으려면 남보다 조금은 나아야 하는데 부족하지 않은 건지, 결과는 괜찮을지 스스로 감시합니다.

저도 그랬습니다. 집에서 혼자 헤드폰 끼고 피아노 치는 건 좋은데 연주회를 준비할 때 솔직히 좀 괴로웠습니다. 실수 없이 잘해야 한다는 부담감이 심했지요. 난타(공을 가볍게 주고받는 몸풀기)만 칠 때는 그저 즐거웠는데 본격적으로 배드민턴을 시작하고 게임에 들어가니 스트레스가 오더라고요. 혼자 그림을 그릴 때는 치유되는 기분이다가도 잘하는 옆 사람을 보고 나면 이유 모를 자괴감이 오기도 했습니다. 일기장에 끼적댈 때는 자유로웠지만 글을 플랫폼에 올리는 순간, 반응이 어떨지 마음이 편치 않을 때도 있습니다. 이렇게 누군가에게 심지어 자기에게 평가받기 두려워 시도조차 하지 않을 때가 있습니다. 심리학 연구에서는 외적 보상(평가·인정)이 강해질수록 내적 동기와 몰입이 약해지는 과잉 정당화 효과가 관찰되고 있습니다. 특히 예술·창작 활동에서 공개 목적이 없을 때 몰입도가 올라가고 결과물을 공유하지 않을 때 지속성이 올라갔습니다. 즉 아무도 보지 않을 때 우리는 비로소 역할이 아닌 존재로 돌아가는 거죠. 오늘 저는 속마음 문장들을 흰 종이

에 적고 잘게 찢어버리는 리추얼을 하려고 합니다. 누구에게
도 보여주지 않는 그림, 공개적으로 발표하지 않는 글, 아무
도 듣지 않고 혼자 하는 음악 등을 시도하면 어떨까요? 가장
순수한 자기 사랑을 시작해보기 바랍니다.

10분 리추얼 가이드

☐ 요리할 때는 TV를 끄고 오롯이 요리에 집중하는 등 싱글태스
  킹 해보기

☐ 나를 깊이 몰입하게 만드는 그림·음악·글쓰기 중 하나의 예술
  활동 찾아보기

☐ 누구에게도 보여주지 않을 나만의 문장 한 줄 솔직하게 적어
  보기

어쩌다 지나쳐버린 것들의
재발견

우리는 늘 새롭고 신선함을 찾느라 바쁩니다. 더 효과적인 방법, 더 빠른 회복, 더 강력한 변화의 계기를 찾지만 정작 우리를 가장 오래 지탱해온 것들은 너무 가까이에 있어서 눈에 잘 띄지 않습니다. 숨 쉬는 일, 잠시 눈을 감는 순간, 말없이 손을 모으는 행위처럼 말이죠. 그것들은 너무 당연해서 연습할 필요도 배울 필요도 없어 보입니다. 우리는 그것들을 점점 잊고 살았습니다.

　호흡은 우리가 태어나는 순간부터 시작했던 가장 오래된 리듬입니다. 우리는 하루에도 수만 번 숨을 쉬지만 그 사실을 거의 의식하지 않지요. 바쁠수록 숨은 얕아지고, 긴장할수록 호흡은 급해집니다. 그럼에도 우리는 호흡을 고치려 하기보다 상황을 바꾸려 애씁니다. 사실은 단 한 번의 깊은 숨결이 생각보다 많은 것을 바꿀 수 있는데도 말이지요. 실제로 심리학과 의학 연구 결과, 의식적인 깊은 호흡은 자율신경계를 안정시키고 심박수를 떨어뜨리는 등 불안과 긴장 완화에 유의미한 영향을 줍니다. 기도나 명상 역시 비슷합니다. 많은 사람들은 그것을 종교적인 행위나 특별한 수행으로 오해하지만, 본질은 단순합니다. 잠시 멈추어 자신을 돌아보는 시간은 흩어진 마음을 제자리로 돌려놓을 수 있습니다만, 우리는 그 단순함의 힘을 잊어버렸습니다. 심지어 종교적인 행위라고 생각해서 의도적으로 피하는 사람들도 더러 있지만 인간은 본능적으로 기도와 명상을 해왔습니다. 아이들은 자연스럽게 이 리듬을 알고 있습니다. 불안할 때는 깊게 숨을 쉬고, 지칠 때 멍하니 하늘을 바라봅니다. 아무도 가르쳐주지 않았지만 몸이 먼저 알고 있는 방식입니다. 자라면서 우리는 이 감각을 효율과 성과라는 기준으로 밀어내며 살아갑니다.

생각하면 삶이 휘청일 때마다 우리를 다시 붙잡아주는 것은 늘 이런 것들이었습니다. 조용히 숨을 고르는 순간, 아무 말 없이 마음을 가다듬는 시간, 손을 모으고 절실히 무엇인가를 바라는 마음. 우리에게 필요한 것은 새로 배워야 할 기술이 아니라 다시 되살릴 감각입니다. 리추얼은 어쩌다 지나쳐버린 것들을 다시 바라보고 내 안에 있던 리듬을 다시 불러오는 일에서 시작됩니다. 그 순간 우리는 깨닫게 됩니다. 나를 돌보는 일은 언제나 가까이 있었다는 것을요.

아무 의미 없어 보였던 순간이 나를 살리고 있었다

미국의 명상적 회화로 유명한 아그네스 마틴*Agnes Martin*은 컬럼비아 대학 시절 선불교와 도교 사상을 접했고, 이는 작업에 많은 영향을 주었습니다. 마틴은 하루 중 긴 시간을 '아무것도 하지 않는 침묵'으로 보냈는데, 그 시간은 생산을 위한 준비가 아니라 마음을 맑게 유지하기 위한 필수 조건이었다고 밝힌 바 있습니다. 의미 없어 보였던 시간이 실은 삶을 지탱하는 핵심 리추얼이었던 것입니다.

저만의 그림 명상을 소개합니다. 저는 몽우 조셉킴*Joseph Kim*

과 성하림, 김예당 화가의 작품을 좋아해서 조금씩 집으로 들이고 있습니다. 사실 그림을 보고 싶으면 전시 포스터를 사서 붙여도 되고 인화해서 벽에 붙여도 되며 그림값으로 다른 여가를 즐길 수도 있습니다. 그러나 제가 그림을 소장하는 이유는 값을 매길 수 없는 가치의 명상 때문입니다.

아침에 눈을 뜨면 성화림 화백의 〈명상〉을 봅니다. 달항아리에 담긴 바다 위 붉은 일출을 보면서 힘차고 행복한 에너지를 채워 하루를 시작합니다. 출근하면 제 책상에 몽우 조셉킴의 〈일체유심조〉가 있습니다. 알록달록한 꽃밭에 평화롭게 가부좌를 튼 초록빛 사람을 보고 있노라면 업무 중 쌓였던 부정적 에너지가 사라지는 게 느껴집니다. 집에 돌아오면 김예당 화가의 〈와인〉이 저를 반겨줍니다. 저에게 와인은 축하와 교류의 의미를 가지는데요, 볼 때마다 바로 이곳이 축하 자리이며 지인들과 도란도란 함께하는 날처럼 느껴집니다. 이것저것 잡생각이 많아지면 몽우 조셉킴의 〈봄 이루는 사람들〉을 봅니다. 이 그림에는 오묘한 미소를 짓는 한 인물이 있는데 눈만 마주쳐도 복잡했던 생각이 정리되고 긍정 에너지가 솟아오릅니다. 짧은 시간의 그림 명상으로 저에게 엄청난 힘이 되며, 주말처럼 시간이 여유 있을 때는 그림 멍을 하며 생명 에너지를 충전합니다.

요한 세바스티안 바흐*Johann Sebastian Bach*는 작곡 전후 짧은 묵상(특정 대상을 깊이 생각하는 행위로 종교적 관점에서 기도 및 명상 수행 방법)을 가졌다고 알려져 있습니다. 이는 종교적 신념을 떠나 정신을 가라앉히고 흐름을 정리하는 리추얼입니다. 안타깝게도 현대인에게 기도는 우리의 곁에 너무 오래 있어서 형식만 남고 본질은 잊힌 대표 사례입니다. 연구에 따르면 멍하니 있는 상태에서도 뇌는 감정 정리, 기억 통합, 자기 성찰을 수행합니다. 명상·기도·조용한 멈춤은 이 회로를 자연스럽게 활성화합니다. 이 세 가지를 우리는 일상에서 다시 발굴하여 리추얼로 삼아야 합니다.

조용한 리추얼 실천 페이지
― 어쩌다 지나쳐버린 것들을 다시 만나는 시간

이 페이지는 무언가를 잘 해내기 위한 연습장이 아닙니다. 새로운 방법을 배우거나, 규칙을 지켜야 하는 공간도 아닙니다. 다만, 오래 곁에 있어서 잊고 지냈던 감각을 다시 떠올려 보는 시간입니다.

① 이 순간 아무것도 애쓰려 하지 말고 그냥 지금의 숨을 느껴
  봅니다. 들이마시는 숨이 어디까지 오는지, 내쉴 때 몸이
  조금 느슨해지는지.

  □ 숨이 빠르다

  □ 숨이 얕다

  □ 숨이 고르다

  □ 잘 모르겠다

  → 느낌을 판단하지 않아도 괜찮습니다.

② 오늘 나를 가장 지치게 한 것은 무엇이었나요?

  짧은 문장이나 단어 하나면 충분합니다.

  → 길게 설명하거나 해결책을 쓰지 않아도 됩니다. 그저 알아
    차리는 것이면 충분합니다.

③ 아무 의미 없어 보이지만, 나를 잠시 편안하게 하는 순간
  은?

  예를 들면 이런 것들입니다. 창밖을 멍하니 보는 시간, 따뜻
  한 물을 마시는 순간, 말없이 눈을 감는 짧은 멈춤

→ 이 순간은 혼자서도 충분하고 누군가에게 보여줄 필요가
없습니다.

④ 오늘 하루에 딱 한 번, 이렇게 해봅시다. 아래 중 하나만 골
라보세요.

☐ 자리에 앉아 30초 동안 아무것도 하지 않기

☐ 숨을 세 번 천천히 깊게 들이마셨다가 내쉬기

☐ 눈을 감고 두 손을 가볍게 맞잡아보기

☐ 어깨 힘을 쭉 풀고 먼 산을 바라보기

→ 잘했는지 확인하지 않아도 됩니다. 하는 것을 잊어버려도
괜찮습니다.

⑤ 이 리추얼의 이름을 붙여본다면? (거창할 필요는 없습니다.)

예: 숨 고르는 시간, 아무것도 안 하는 순간, 나를 제자리로
돌려놓는 시간

'________________'의 시간

→ 이 페이지에서 한 일은 새로운 무언가를 만든 것이 아닙니
다. 이미 알고 있었지만 너무 익숙해서 지나쳐버렸던 감각
을 잠시 다시 만났을 뿐입니다. 리추얼은 멀리 있지 않습니
다. 숨처럼 조용한 휴식처럼 늘 곁에 있었던 것들 속에 있

습니다.

10분 리추얼 가이드

☐ 불멍·물멍·풀멍·하늘멍 중 마음이 끌리는 멍때리기 하루 한 번
실천하기

☐ 내가 바라는 것을 떠올리며 나만의 기도 자세 만들어 조용히
기원하기

☐ 오후 가장 졸린 시간에 잠시 멈춰 깊고 천천히 숨 쉬는 호흡하기

잇지 말아야 할 단 하나,
끝이 존재한다는 것

언젠가는 끝난다는 사실을 기억할 때 삶은 또렷해진다

뭐든지 기한을 두고 하면 집중이 더 잘 되는 경험, 다들 해 보셨지요. 시험이 코앞으로 다가왔다고 하면 엄청나게 몰입이 됩니다. 그야말로 하루를 이틀처럼 밀도 있게 살 수가 있습니다. 하지만 한 달, 일 년 등 기한이 멀수록 사실 관심 밖으로 살짝 밀립니다. 방학을 생각해보세요. 아직 한 달이나 남았다고 생각할 때는 엄청나게 여유를 부리게 되죠. 하지만 개학이 다가오면 하루이틀이 귀해집니다. 우리 인생도 마찬가지입니다. 우리는 가끔 삶이 영원할 것이라 착각하며 살아갑니다. 인간의 평균 수명을 생각해보면 백 년이 안 되지만 현실을 살아가는 사람의 생각 속에서는 그것이 무한처럼 느껴지지요.

　제가 정말 좋아하는 책『명상록』에서 마르쿠스 아우렐리우스는 이렇게 말했습니다, "당신이 오늘 밤 죽을 수도 있다고 생각하라. 그러면 말과 행동이 달라질 것이다." 죽음에 대한 인식은 우울한 생각이 아니라 삶의 초점을 맞추는 도구입니다. 호스피스(죽음에 임박한 환자들을 돌보며 위안과 안락을 얻을 수 있도록 돕는 의료시설) 심리 연구에 따르면 죽음을 인식한 사람일수록 사소한 일에 덜 흔들리고 관계와 가치 중심으로 선택한다고 합니다. 끝을 아는 사람은 지금 무엇이 중요한지 빠르게 알아차립니다.

　의사이자 저술가인 아툴 가완디*Atul Gawande*는 그의 저서『어떻게 죽을 것인가*Being Mortal*』에서 인간은 죽음을 회피할수록 오히려 삶의 질을 잃는다고 말했습니다. 죽음을 정면으로 인식한 사람일수록 더욱 의미 있게 살아가려 하고, 그만큼 삶의 만족도도 올라갑니다. 고대 로마의 철학자 세네카*Lucius Annaeus Seneca*는 "우리는 시간이 없다고 불평하지만 실은 시간을 낭비하고 있을 뿐이다"라고 말했습니다. 작가 브로니 웨어*Bronnie*

*Ware*는 호스피스 현장에서 일하며 임종 직전 사람들이 가장 많이 후회한 말을 다음과 같이 꼽았습니다. "내가 원하는 삶을 살지 못했다." "일에 너무 많은 시간을 썼다." "사랑을 표현하지 않았다." 후회의 공통점은 바로 '미뤘다'라는 것입니다. 사람은 미래가 길다고 느낄수록 결정을 미루고 중요한 일을 뒤로 미룹니다. '언젠가'라는 단어는 행동을 느슨하게 만드는 심리를 만듭니다. 끝이 없을 거라는 착각을 우리는 버려야 합니다.

영원하다고 착각하는 순간, 삶은 느슨해진다

저는 몇 해 전 에픽테토스*Epictetus*의 『어떻게 자유로워질 것인가?』라는 책을 읽고 스토아 철학에 매료되었습니다.

사람들은 흔히 스토아 철학은 감정을 억누르고 고통을 참는 철학으로 오해합니다만 스토아 철학은 "어떻게 하면 삶을 덜 흔들리며 살아갈 수 있을까"에 대한 현실적인 생활철학입니다. 그들은 거창한 깨달음보다 매일 반복할 수 있는 태도를 더 중요하게 여겼습니다. 그래서 스토아 철학은 이미 하나의 완벽한 리추얼을 다루는 철학에 가깝습니다. 핵심은 "통제할 수 없는 것은 내려놓고, 통제할 수 있는 것에만 책임을 진다"라고 할 수 있습니다. 스토아 철학을 일상 리추얼에 녹여서 다음과 같이 제안합니다.

✓ 아침 리추얼 — 오늘의 통제 범위 점검하기

    1) 오늘 내가 통제할 수 있는 것:

        ☐ 태도   ☐ 선택   ☐ 반응   ☐ 노력

    2) 오늘 내가 통제할 수 없는 것:

        ☐ 타인의 평가   ☐ 결과   ☐ 우연

    → 하루를 시작하며 이 구분만 해도 쓸데없는 감정 소모가 크게 줄어듭니다.

✓ 낮의 리추얼 — 사건과 감정 분리하기

    1) 일이 생겼을 때 이렇게 말해보기:

        ☐ 일어난 사실과 내가 덧붙인 생각은 따로 있다.

        ☐ 누군가 쓰레기를 준다면 기분 나빠 하며 들고 있지 말고 쓰레기통에 넣자.

    → 우리를 괴롭히는 것은 사건이 아니라 사건에 대한 해석입니다. (이 문장을 읊는 것만으로도 감정의 폭주를 멈추는 리추얼이 됩니다.)

✓ **저녁 리추얼 — 하루를 평가하지 않고 돌아보기**

☐ 오늘 잘못한 건 무엇일까? (자책 X)

☐ 다음엔 어떻게 바꿀 수 있을까?

→ 스토아 철학자들은 자기 회복을 위해 하루를 비난 없이 점
검하는 시간을 가졌습니다.

스토아 철학자들은 죽음을 떠올리라고 말했지만, 그 목적은 우울해지기 위함이 아니었습니다. '우리에게 시간이 무한하지 않다'라는 말은 지금을 더 충만히 만들기 위한 전제입니다. 스토아 철학을 전부 이해할 필요는 없고, 다만 이 세 가지를 남기면 충분합니다.

☐ 통제할 수 없는 것에 에너지 쓰지 않기

☐ 감정과 사건을 구분하기

☐ 오늘을 무한하지 않은 하루로 대하기

이것만으로도 스토아 철학은 이미 여러분의 일상 속 리추얼이 됩니다. 스토아 철학은 강해지라고 주문하지 않습니다. "흔들려도 괜찮다. 다만, 나를 잃지는 말자." 이 태도를 매일 조금씩 반복하는 것, 그것이 스토아 철학이 우리에게 남긴 가

장 현실적인 리추얼입니다.

끝을 아는 사람만이 오늘을 사랑할 수 있다

에픽테토스는 "죽음은 두려운 것이 아니다. 두려운 것은 살아 있으면서도 삶을 시작하지 않는 것이다"라고 하였습니다. 여기 메멘토 모리 리추얼을 제안합니다.

메멘토 모리 리추얼:

끝이 존재한다는 사실을 기억하는 조용한 연습

→ '메멘토 모리*Memento Mori*'는 "죽음을 기억하라"는 뜻이지만, 이는 죽음을 두려워하라는 의미가 아니라 삶의 기준선을 바로 세우고 오늘을 더 허투루 쓰지 않기 위한 노력에 가깝습니다.

① 잠깐 이 질문을 떠올려봅니다. 지금 당장 답을 내리지 않아도 괜찮습니다.

"만약 오늘이 소중하다고 깊이 느끼고 있다면, 나는 이 시간을 이렇게 쓰고 있을까?"

☐ 그렇다

☐ 잘 모르겠다

☐ 아닐지도 모르겠다

→ 어떤 답도 틀리지 않습니다.

② '언젠가'로 미뤄둔 것 하나만 적어봅니다. 크고 대단한 일이 아니어도 괜찮습니다.

예: 하고 싶다고 말만 해왔던 것, 중요하나 늘 뒤로 밀어둔 관계, 나중으로 넘긴 작은 선택

| |

→ 당장 실행 계획을 세우지 않습니다. 다만, 미루고 있었다는 사실만 인정해봅니다.

③ 오늘이 '끝이 있는 하루', '무한히 반복되지 않는 하루'라 생각하고 하나만 선택해봅니다.

☐ 의미 없는 소비 하나 줄이기

☐ 하고 싶지 않은 약속 하나 거절하기

☐ 고마운 사람에게 짧은 메시지 보내기

☐ 나에게 필요한 휴식 10분 확보하기

→ 선택은 작을수록 좋습니다. 인생을 바꾸려 하지 않아도 됩니다.

"오늘은   하루였다."

메멘토 모리는 이렇게 속삭입니다. "끝은 존재하고 시간은 충분하지 않다. 그러니 역설적으로 지금을 조금 더 아껴도 괜찮다." 우리는 언젠가 끝나는 존재이기에 그 인식은 삶을 가장 현실적으로 사랑하는 방식이 됩니다. 오늘을 귀하게 쓰는 연습, 그것이 이 리추얼의 전부입니다.

10분 리추얼 가이드

- ☐ 100년 동안의 내 인생이 30일의 여름방학이라면 남은 시간을 가늠해보기
- ☐ 내가 통제할 수 없는 일은 붙잡지 않고 조용히 놓아주기
- ☐ 무의식적으로 반복하던 좋지 않은 습관 하나 오늘만은 하지 않기

감사의 리추얼,
삶을 경외하는 가장 쉬운 방법

UC 데이비스 로버트 에몬스 연구팀은 12~80세 참가자들을 세 그룹으로 나누어 10주 동안 연구를 진행했습니다. 첫 번째 그룹은 매주 감사했던 일 5가지를, 두 번째 그룹은 불편했던 일 5가지를, 세 번째 그룹은 일상에서 일어난 일 5가지를 적게 했습니다. 그 결과 첫 번째 그룹은 신체적 통증 감소, 수면의 질 개선, 일상 만족도와 행복도가 높아지고 긍정적 마음까지도 커지게 되었습니다. 최신 뇌과학에서는 '감사 일기'를 뇌를 물리적으로 개조하는 '과학적 훈련 도구'로 정의하기도 합니다. 그래서 오늘날 많은 사람들이 감사 일기를 쓰고 있는데요, 긍정심리학 분야에서 최근 '감사 피로' 개념을 경고하고 있습니다. 이는 감사의 표현이나 목록 작성이 비자발적으로 요구될 때, 부담스럽고 지치는 심리적 상태를 말합니다. 감사가 도덕적인 명령이나 자기계발 과제로 변질될 때 오히려 부작용이 생기지요.

여기에 제시되는 대안은 바로 "이미 익숙해진 것을 다시 바라보라"라는 것입니다. 사상가 윌리엄 제임스*William James*는 "삶에서 가장 깊은 지혜는 이미 가진 것에 놀라워할 수 있는 능력이다"라고 말했습니다. 감사하는 마음은 더 많이 소유하는 데 따른 것이 아니라 내가 가지고 있는 걸 다시 경험하는 능력에 영향을 받는 것이죠. 당연함을 버리는 순간, 감사는 자연스럽게 발생합니다. 중환자실 간호사의 인터뷰 사례 중 회복 환자들의 공통적 반응은 "편안히 숨 쉬는 게 이렇게 고마운 일인 줄 몰랐다"였습니다. 이처럼 감사는 바로 존재의 기본값을 재인식할 때 생기는 반응입니다. 아프면 당연한 것들이 당연하지 않음을 자연스레 알게 됩니다. 저는 얼마 전 새벽에 잠깐 눈을 떴다가 다시 잤는데 그 한 시간 동안 자세가 잘못되었던지 목에 담이 왔습니다. 너무 아파서 누워 있다가 몸을 일으킬 때 손으로 머리를 받쳐야만 간신히 일어날 수 있었지요. 상의를 입을 때도 목에 힘이 들어가는 건지 어떤지 평소에는 몰랐는데 머리에 걸린 옷을 내릴 땐 너무 아파 '악!' 소리가 나오더라고요. 당연한 것은 없다, 아픈 느낌이 없는 상황 자체가 감사이고 축복이라는 것이 절절하게 느껴지더군요. 이렇듯 감사는 상황이 좋아서 올라오는 감정이 아니라 익숙해진 삶에 대한 존중을 회복하는 태도라는 것을 알고 우리의 일상에 스며들게 하면 좋겠습니다.

감사는 상황이 아니라 시선을 바꾸는 연습이다

리추얼로서 감사는 의식적인 시선을 기르는 훌륭한 방법이 될 수 있습니다. 감사는 긍정에 대한 강요가 아니라 시선을 바꾸는 연습이자 선택할 수 있는 태도입니다. 펜실베이니아 대학 마틴 셀리그만*Martin Seligman*의 연구 중 매일 3가지 좋은 일을 기록하게 했더니 6개월 후에도 우울 지수 감소가 유지가 되었다는 'Three Good Things' 실험이 있습니다. 그의 저서 『긍정심리학*Authentic happiness*』을 보면 셀리그만은 참여자들에게 우울증과 행복 검사를 한 후 한 가지 연습을 무료로 제공하는 웹사이트를 개설했습니다. 그 연습은 바로 감사 일기를 쓰는 일이었는데요, 이 사이트를 이용한 심각한 우울증을 앓는 사람들의 평균 점수는 34점(극단적 범주)이었습니다. 이들은 일주일 동안 사이트에 접속해 매일 그날 좋았던 일 세 가지를 적었고, 그 후 검사 점수는 17점(경미한 범주)으로 내려갔습니다.

분노에 관한 연구에 따르면 나이 들어 심장마비에 걸릴 위험도가 높은 사람들은 고함을 잘 치는 사람, 참을성 없는 사람, 쉽게 분노를 터트리는 사람으로 밝혀졌습니다. 정서를 심하게 표출하고 곰곰이 되새기면 그 정서가 증폭되어 과거의 불행을 부질없이 되새기는 악순환에 갇히고 맙니다. 과거에 대한 모든 정서는 오로지 생각과 해석으로 일어납니다. 저는 과거에는 감사 일기보다는 힘듦을 토로하는 일기를 주로 썼었습니다. 짜증이 나는 일들을 마구 휘갈겨 써서 일기장에 털고 나면 마음이 좀 시원해지려나 했었죠. 당시에는 괜찮았으나 나중에 읽어보면 다 잊어버렸던 일들도 생생히 떠올라버려서 평온한 마음에 갑자기 돌을 던지는 격이 되었습니다. 용서했던 일들에 대해서도 다시 화가 났죠. 그렇게 몇 번 겪고 난 후 저는 이제 좋지 않은 일은 일기에 남기지 않습니다. 행복하며 감사한 일들만 적어둡니다. 사실 그런 것들만 기억해도 바쁩니다.

에픽테토스는 "우리는 사물 그 자체가 아닌, 사물을 바라보는 방식에 고통받는다"라고 말했습니다. 감사는 현실을 바꾸지 않아도 경험의 질을 바꾸는 인식 리추얼인 것입니다. '성격이 팔자'라는 말도 있지요. 세상의 바라보는 편집 방향을 어떻게 설정할 것인지 생각해보면 좋겠습니다.

삶이 나를 버텨주고 있었다는 사실을 깨닫는 순간

'감사 리추얼' 실천 페이지

이 페이지는 억지로 더 긍정적으로 살기 위한 훈련이 아닙니다. 이미 지나가고 있는 삶을 잠시 늦추어 바라보는 연습입니다.

STEP 1. 오늘을 미화하지 않아도 됩니다. 먼저, 오늘 하루를 있는 그대로 인정해보세요. 좋았는지, 힘들었는지, 애매했는지 판단하지 않아도 괜찮습니다.

· 오늘 하루를 한 단어로 표현한다면? ________

(예: 버거운 / 무난한 / 흐릿한 / 예상 밖의 / 버틴 하루)

→ 적어도 좋고, 그냥 마음속으로만 떠올려도 됩니다.

STEP 2. '고마운 일'이 아니라 '사라지지 않고 내게 남아 있던 것'을 떠올려봅니다. 아래 질문을 활용해도 좋습니다.

· 특별하지 않았지만 늘 그 자리에 있던 것은 무엇이었나요? ______________

· 오늘을 무탈하게 보내는 데 작은 도움을 준 것은 무엇이었나요? ______________

(예: 내가 좋아하는 음악, 기분 좋아지는 은은한 조명, 별일 없는 일상, 맛있게 먹었던 점심, 편하게 강아지와 걸을 수 있던 산책로 등.)

→ 이것이 바로 감사의 씨앗입니다.

STEP 3. '그래도'가 아니라 '그럼에도'의 문장을 완성해봅니다. 현실을 인정한 뒤, 남아 있는 것을 바라보는 문장입니다.

· 오늘은 [________________] 하루였지만, 그럼에도 [________________] 는 남아 있었다.

(예: 오늘은 지치고 산만한 하루였지만, 그럼에도 하루는 나를 끝까지 버려두지 않았다.
오늘은 별다른 성과가 없었지만, 그럼에도 몸과 시간은 나를 위해 작동하고 있었다.)

→ 한 문장만으로 충분합니다.

STEP 4. 감사하지 않아도 괜찮은 날을 위한 질문입니다. 어떤 날은 아무것도 떠오르지 않을 수 있습니다. 그럴 땐, 이 질문 하나면 됩니다.

- 오늘 하루 전체가 '완전히 망하지는 않았다'라는 사실을 나는 인정할 수 있을까? 이 질문에 "그렇다"고 답할 수 있다면 그 자체가 이미 감사 리추얼입니다.

이 미니 가이드는 매일 안 해도 되고, 대충 해도 되고, 중간부터 시작하거나 중간에 멈춰도 됩니다. 감사는 이미 지속되고 있는 삶에 잠시 고개를 숙이는 태도입니다.

10분 리추얼 가이드

☐ 너무 당연하게 여겨온 것 하나와 '감사합니다'를 결합한 문장 만들어보기

☐ 나에게 "나의 모든 시도를 인정해"라고 한마디 건네며 스스로 어깨 토닥이거나 머리 쓰다듬기

☐ 하루를 돌아보며 "오늘 생각보다 괜찮았어"라고 입 밖으로 말해보기

평범한 하루가
반짝이는 이유

현대 사회에서 종교나 전통, 공동체적인 의례는 과거에 비해 약해졌지만 인간 고유 본성 중 하나인 '의미를 부여하고 싶은 욕망'은 사라지지 않았습니다. 우리는 더 이상 신에게 제물을 바치거나 수확을 끝내고 다 함께 춤추고 노래하지 않습니다. 현대인의 삶은 훨씬 자유로워졌고, 의미와 형식은 각자의 몫이 되었지요.

그럼에도 우리는 어떤 순간에 조심스러워지고 무언가를 소중히 다루게 됩니다. 아이들이 가위바위보를 할 때는 여전히 손을 깍지 끼고 돌려서 주먹 사이를 확인하고, 주사위를 던지기 전에 눈을 감고 자기만의 주문을 외웁니다. 어른들은 새로 산 자동차를 운전하기 전에 액막이로 황태를 트렁크에 넣기도 하고, 소주나 막걸리를 바퀴에 뿌리기도 하지요. 좋아하는 누군가를 떠올리며 앉아 꽃잎을 하나하나 떼면서 기뻐하거나 괜히 풀이 죽기도 하고요. 아침 커피를 한 모금 마시고 나서야 뭔가 제대로 시작하는 거 같고, 하루를 마무리하는 자신만의 방식은 쉽게 포기하지 못합니다. 힘든 날에는 같은 음악을 멍하니 반복해서 듣기도 하고, 감기를 물리치기 위해 나만의 특별한 음식을 먹지요. 가족의 일이 잘 풀리기를 빌며 100일 기도를 올리고, 재물이 굴러들어 왔으면 좋겠다고 생각하며 해바라기 그림을 벽에 걸어둡니다. 새해 첫날에는 한 해를 위하여 첫 노래를 신중히 골라서 듣기도 하지요. 이 모든 행동에는 효율도, 의무와 강제도, 합리적인 인과도 없습니다. 그저 그렇게 하면 마음이 조금 정돈되고 내 에너지가 풀리며, 절대적인 존재에게 보호받는 기분이 들기 때문이지요.

어쩌면 인간은 방식 자체는 달라도 의미를 다룬다는 행위만큼은 포기하지 못하는 존재인지도 모릅니다. 이름은 바뀌었고, 형식은 가벼워졌고, 함께하는 이들은 달라졌지만 무언가를 함부로 대하지 않고 어떤 것을 기원하며 의미를 부여하는 태도는 아직도 여전히 강하게 남아 있습니다. 리추얼은 대단한 신념의 증표도 아니고 무조건 이루어진다는 약속도 아닙니다. '이건 그냥 지나치고 싶지 않다'라고 다짐하는 작은 몸짓에 가깝지요. 그 순간 삶은 여전히 나에게 의미를 건네고 있고, 절대적이고 초월적인 어떤 존재가 나를 보살피고 있으며 나도 나를 위해 뭔가를 쌓아가고 있다는 것을 비로소 느끼게 됩니다.

리추얼은 일상을 축적하여 삶의 뼈대로 만든다

삶은 눈에 띄지 않는 날들이 더 많습니다. 특별한 사건이 없는 날, 기억에 남길 성취도 없는 날. 그런 하루들이 켜켜이 쌓여 어느새 인생의 대부분을 차지합니다. 연말이 되면 '아니, 특별히 뭘 한 것도 없는데 벌써 일 년이 지나갔다고?'라고 생각하며 놀랍니다. 사실 삶을 지탱하는 힘은 평범한 반복 덕에 만들어집니다. 스스로 정한 태도를 반복해나가는 선택이 쌓여가며 안정된 마음으로 살다 보면 사람과 세상에 대한 여유와 사랑도 싹틉니다. 누군가를 특별히 아낀다는 감정보다 누구도 함부로 대하지 않겠다는 태도에 가깝지요. 쉽게 판단하지 않는 습관, 지나칠 수 있는 순간에 한 번 더 멈추는 선택 등 이런 태도들이 우리를 조금 덜 냉소적인 사람으로 만듭니다. 그래서 리추얼은 귀찮은 숙제가 아닙니다. 하는 그 자체가 보상이고 기쁨을 주기 때문입니다. 한 번씩 빼먹어도 되고, 다시 돌아오면 됩니다. 거기다 리추얼의 단위는 하루, 한 달, 일 년 등 다양합니다. 저의 일 년 주기 리추얼 하나를 소개합니다.

저는 12월이 되면 공연장을 찾아 차이코프스키의 〈호두까기 인형〉과 베토벤 교향곡 9번 〈합창〉을 감상합니다. 〈호두까기 인형〉은 성탄절 분위기가 물씬 나면서 '이제 정말 1년이 저물어 가는구나, 내년에도 행복하게 잘 보내야겠다'라는 마음을 먹게 합니다. 황홀한 음악과 발레는 저 아름다움을 전해주기 위해서 얼마나 노력했을지 그리고 최선을 다하는 인간의 모습이 얼마나 멋진지 생각하게 하지요. 〈합창〉은 감동적인 음악은 물론이고 실러*Johann Christoph Friedrich von Schiller*의 시 「환희의 송가」가 쓰인 가사가 마음을 울립니다. "그래, 이 땅에서 다른 이의 영혼을 자신의 것처럼 사랑하는 자도 함께 노래하자! 그렇지 못한 사람은 울면서 스스로 여기서 떠나라! …… 형제자매들이여, 그대들의 길을 달려라. 기뻐하라, 승리를 향해 달리는 영웅처럼 …… 모든 인간은 형제가 된다, 두 팔 벌려 포옹하라, 수백만 사람들이여…….” 한 사람의 목소리에도 힘이 있을진대, 수십 명의 단원들이 이렇게 합창하는 것을 듣노라면 그야말로 전율이며, 나도 모르게 감격의 눈물이 떨어집니다. 사람과 세상을 더 사랑하며 살아야겠다는 생각이 들지요. 여러분에게도 자신만의 하루, 한 달, 일 년 주기의 다양한 리추얼을 권합니다.

마법은 멀리 있지 않다, 반복되는 하루에 숨어 있다

　우리는 비슷한 하루하루를 살지만, 어떤 날은 그냥 통과하고 어떤 날은 잠시 붙잡아두게 됩니다. 리추얼은 하루를 확 바꾸지는 않으나 하루를 대하는 태도를 바꾸게 할 수 있습니다. 같은 시공간, 같은 사람들 속에서도 뭔가 조금씩 다르게 느껴집니다. 미세하지만, 쌓이면 삶의 인상이 달라져 순간 아무 일도 없던 하루는 ‘잘 지나온 하루’라는 이름을 갖게 됩니다. 그렇게 쌓이고 나면 ‘잘 살아온 인생’이 되지요. 그것이 바로 리추얼의 마법입니다. 우리가 사는 하루를 조금 더 소중하게 만드는 힘, 평범한 하루를 특별하게 만들어가는 변화입니다.

인간은 의식이나 의례를 특별하게 여기는 경향이 있습니다. 디미트리스 지갈라타스*Dimitris Xygalatas*의 저서『인간은 의례를 갈망한다*Ritual*』에 소개된 실험에 따르면 유리잔에 음료를 따르는 두 영상을 참가자들에게 보여주었습니다. 한 영상은 평범하게 음료를 따랐지만, 다른 영상에서는 음료를 따르기 전 잔을 높이 들고, 내려놓은 후에는 절을 했습니다. 이 두 잔이 물리적으로 차이가 없다는 데는 이견이 없었으나 사람들은 의식을 올린 음료가 더 특별하다고 생각했습니다. 농구 경기에서 자유투를 할 때는 어떨까요? 그냥 바로 공을 던지는 선수와 공을 던지기 전에 공을 돌리거나 신발 바닥을 만지는 등의 동작을 하는 선수 중에 누가 성공 가능성이 높을 거 같냐는 질문에 사람들은 자신만의 리추얼을 하는 선수의 성공률을 30퍼센트 높게 생각했습니다.

사람들은 반복과 지속에 높은 가치가 담겨 있음을 본능적으로 알아차립니다. 예를 들어 몇 대에 걸쳐서 하고 있는 식당은 엄청난 맛집으로 알려지며, 어떤 집안에 대대로 내려오는 전통이 있다고 하면 뭔가 달라 보임은 당연하지요. 범위를 좁혀 어떤 사람이 몇 년에 걸쳐 무언가를 실천하고 있다고 하면 그가 대단해 보이는 것도 자연스러운 현상입니다. 바로 그것을 일상에 녹이는 것이 리추얼입니다. 하던 대로 밀고 나갈 수 있는 단단한 나에 대한 믿음, 쌓아온 시간에 대한 신뢰, 그 과정 자체로의 즐거움과 기쁨, 사람들과 자연 그리고 초월적인 그 무엇과 연결될 때의 본능적인 감동을 한번 느껴보기를 바랍니다.

10분 리추얼 가이드

☐ 내가 롤모델로 삼는 사람의 리추얼 찾아보며 나에게 맞는 힌트 얻기

☐ 연말이나 연초를 기념하는 나만의 작은 의식 미리 계획해보기

☐ 중요한 순간 전에 마음을 정렬하는 나만의 짧은 행동 의식 디자인해보기

· · · ·

삶을 바꾸는 기술이 아닌
다시 사랑하는 방식

리추얼이라는 것을 접하고 삶에 녹여 작은 변화의 시작을 느꼈을 때 그날의 환희와 떨림을 지금도 기억합니다. 모임에 나가서 흥분된 어조로 그 소감을 나누고, 마음 맞는 분들과 함께 리추얼이란 걸 해보자고 모였던 날도 떠오릅니다. 혼돈과 혼란의 시대, 힘들어하는 분들에게 알려서 함께 행복해졌으면 좋겠다고 생각했지요. 리추얼은 인생이라는 건물의 외관을 화려하게 꾸미거나 인테리어를 극적으로 바꿔주지 않습니다. 대신, 내진설계를 해두는 것같이 흔들림에 단단하게 해주고, 주기적으로 청소와 안전 점검을 하는 셈입니다. 그리고 우리가 자주 잃어버리는 감각, '지금 여기 이 삶 안에 내가 존재한다'

라는 느낌을 되돌려줍니다.

이 책에서 제안한 리추얼은 작고 단순합니다. 아침에 숨을 고르는 순간, 하루를 마무리하며 의미를 붙이는 짧은 기록, 누군가와 나란히 걷는 시간, 계절과 자연의 변화를 알아차리는 태도, 감사하는 마음. 그 어떤 것도 대단한 결심이나 강한 의지를 요구하지 않습니다. 오히려 잘 못해도 계속할 수 있는 것들에 가깝지요.

여러분이 꼭 기억해주었으면 하는 점이 있습니다. 모든 리추얼을 실천할 필요는 없습니다. 리추얼은 정답이 아니라 조율의 과정이기 때문입니다. 지금의 나에게 맞는 속도와 강도로 조정하면서, 나만의 리추얼을 만들어가면 됩니다. 리추얼은 '보상이 약속된 숙제'가 아니라, '행복한 쉬는 시간' 그 자체와 같습니다. 리추얼은 치료도 아니고, 삶의 고통을 해결하는 만능열쇠도 아니지만 그 여정 옆에서 당신의 손을 잠시 잡아주는 역할을 합니다. 책을 쓰는 동안 저 역시 리추얼에 기대어 하루를 건넜습니다. 문장이 막힐 때 같은 시간, 같은 자리에 다시 앉았고, 불안이 올라올 때는 하늘을 보며 원고를 덮었습니다. 이 책은 연구의 결과이기도 하지만 무너졌던 일상을 다시 세우고 엮어낸 기록이기도 합니다.

만약 이 책을 덮은 뒤 여러분의 하루에 작은 변화 하나, 잠시 멈춰 나를 바라보는 순간, 흘러가던 반복에 이름을 붙이는 습관, 혹은 스스로에게 조금 더 다정해지는 태도가 생긴다면 그것으로 이 책은 제 역할을 다한 것입니다. 리추얼은 특별한 사람들의 삶에만 존재하지 않습니다. 지금 이 페이지를 덮는 당신의 일상 안에도 이미 시작되고 있습니다. 이 책이 그 사실을 알아차리는 계기가 되었기를 바랍니다. 함께 행복하고 건강한 삶을 살고자 이 이야기는 꼭 전해드리고 싶다는 그 마음 하나로 썼습니다.

당신의 평범한 하루가 조금 더 단단해지고, 조금 덜 외로워지기를.

그리고 무엇보다, 당신 자신과 다시 연결되기를 바랍니다.

이 세상을 저에게 보여주신 부모님, 하나뿐인 동생에게 사랑을 전합니다.

하루 10분 리추얼의 기적

1판 1쇄 찍음   2026년 4월 2일
1판 1쇄 펴냄   2026년 4월 9일

지은이   박지현
펴낸이   조윤규
편집   민기범
디자인   홍민지

펴낸곳   (주)프롬북스
등록   제313-2007-000021호
주소   (07788) 서울특별시 강서구 마곡서로 152, 두산더랜드타워 상가 A동 320호
전화   영업부 / 기획편집부 02-3661-7283 | 팩스 02-6455-7286
이메일   frombooks7@naver.com

ISBN   979-11-94550-16-7 (03190)